KB080034

김한나
변호사의 쫄지마
# 임대차법

임차인 편

이야기
나무

줄탁동시(啐啄同時)!

병아리가 알에서 깨어나기 위해서는 병아리가 알 안에서, 어미 닭이 알 밖에서 동시에 쪼아야 한다는 의미다. 삶을 돌이켜보니 나의 알을 깨고 내 한계를 넘어설 때마다, 꿈틀거리며 땀을 뻘뻘 흘리던 내 옆에 함께 해주신 하나님, 그리고 도와주시는 분들이 늘 있었다. 그래서 나는 조금씩 성장하여 이 자리에 설 수 있게 된 것 같다. 앞으로도 나는 알을 계속 깨면서 성장할 것이고, 내가 도움을 받았던 것 같이 누군가에게 영향을 끼치며, 돕고 싶다는 생각으로 이 책을 썼다.

변호사가 되고서 만난 많은 지인 또는 의뢰인들에게, 생활 속 법률 상식에 대해 편하게 질문할 수 있는 변호사 친구가 한 명쯤 있었으면 좋겠다는 이야기를 많이 들었다. 그래서 20~30대에게는 '김변 언니'나 '김변 누나'로, 40대 이상 어른들에게는 '김변 동생'으로 친근하게 다가가 평소에 궁금했던 법률문제에 대해 답답함을 풀어주고 싶다. 그래서 누구든지 가볍게 질문할 수 있도록 다양한 주제로 연재해보고 싶다.

# 머리말

　법률문제는 생활 전반에 산재해 있지만, 그 시작으로 임대차 법률에 대해 이야기해 보기로 했다. 나 역시 20대부터 임차인이었고, 많은 사람이 주택 또는 상가의 임대인이자 임차인이다. 변호사 1년 차부터 가장 많은 질문을 받았던 임대차법 관련 질문을 차곡차곡 모아 많은 분들이 보실 수 있도록 엮어보았다.

　이 책은 임대차 계약 성립 전부터 계약 기간을 지나 계약 종료 이후까지, 인대인과 인차인 사이의 권리·의무, 문제 해결 방법 등을 임대차 계약 관계의 생애주기에 따라 다루고 있다. 이 책이 임대차에 대한 이해를 높이고, 자신의 권리와 의무가 무엇인지 확인함으로써, 임대차 관련 문제가 발생하기 전 미리 대처할 수 있도록 하여 사소한 분쟁을 줄이는 데 도움이 되길 바라며, 피치 못하게 문제가 발생하였다면 사소한 분쟁은 당사자 간 합리적으로 해결하거나 빠르게 대처할 수 있도록 하는 지침이 되길 바란다. 책 속의 질문과 답을 읽을 때 독자들이 변호사 친구와 대면 상담을 하고 궁금증이 풀린다면 더할 나위 없이 기쁠 것 같다.

　　마지막으로, '김변 친구'라는 콘셉트의 책을 내보고 싶다는 생각에 이 책을 썼으나, 막상 너무나 부족한 것 같아 주저할 때, 나의 한계를 또 한 번 뛰어넘을 수 있도록 용기를 주시고 도와주신 분들을 떠올리며 감사를 드리고 싶다. 먼저 나의 힘이 되신 여호와 하나님께 최고의 감사를 드린다. 그리고 언제나 내 편인 부모님과 가족들, 인생 스승이 되어주신 최고의 법조인 백윤기 원장님, 든든한 힘이 되어주는 이튼교육 최규진 대표님, 지칠 때마다 달콤한 인생을 느끼게 해주는 달타냥 팀 ㈜티엠지 김재원 대표님과 주연 언니, 바쁜 시간 책을 감수해준 이세관 대표님, 멋진 어른의 표상인 ㈜노이펠리체 윤경선 회장님과 매경부자 윤경선호 식구들, 의리맨 종환이와 갑석이, 느림보 저자를 참고 기다려 주시고 머리를 맞대어 결국 멋진 책으로 만들어주신 이야기나무 김상아 대표님과 박성현 부대표님과 장원석 편집자님, 이 책을 읽고 응원해 주실 독자들께 감사드린다. 그 밖에도 줄탁동시를 해주신 많은 멘토님과 지인이 있으나 여러 사정으로 다 기재할 수 없어, 마음으로 깊이 감사를 전하고 싶다.

# 차례

# 1장

## 주택 및 상가건물 임대차 관련 법률과 적용기준

김한나 변호사

안녕하세요. 김한나 변호사입니다.

임차인

안녕하세요, 변호사님. 저는 이번에 대학교에 입학하면서 서울로 이주하게 된 새내기입니다.

꿈에 그리던 대학 생활을 하게 되어 기쁘지만, 서울에 거주할 집을 구하려고 하니 까마득해지네요.

계약서는 뭐가 그리 복잡한지요. 특약, 등기사항전부증명서, 근저당은 또 뭔지, 인터넷을 통해 찾아봐도 헷갈리기만 합니다. 변호사님께서 제 고민을 좀 해결해주시면 좋겠어요.

 김한나 변호사

안녕하세요. 우리 법은 임차인을 보호하기 위한 다양한 권리를 보장하고 있거든요.
그런데도 그 내용을 제대로 몰라 불이익을 당하는 경우가 적지 않아요. 같이 고민을 풀어볼까요?

# 1장. 주택 및 상가건물 임대차 관련 법률과 적용기준

먼저 주택 및 상가 임대차 계약을 체결할 때 적용되는 임대차 관련 법들을 살펴보고, 각 법의 적용기준을 확인해서 임차인에게 필요한 법을 확인해야 합니다.

## Q. 주택 또는 상가건물 임대차 계약관계에서 살펴보아야 할 법은 어떤 것이 있을까요?

임대차는 당사자 일방이 상대방에게 목적물을 사용, 수익하게 할 것을 약정하고, 상대방에게 이에 대한 차임을 지급할 것을 약정하는 것입니다. 임대차의 목적물은 다양하겠지만, 오늘은 주택 및 상가 임대차에서 임차인이 알아야 하는 부분을 집중해서 설명하겠습니다.

주택 임대차 또는 상가 임대차와 관련하여 준거법이 되는 것은 민법, 주택임대차보호법, 상가건물 임대차보호법, 부동산거래신고 등에 관한 법률, 민간임대주택에 관한 특별법 등이 대표적입니다.

## Q. 주택임대차보호법은 어떤 권리를 인정하나요? 저한테도 이 법이 적용되는지 그 기준을 알려주세요.

주택임대차보호법은 임차인에게는 대항력, 확정일자에 따른 우선변제권, 묵시적 갱신, 계약갱신요구권 등 다양한 권리를 정하고 있고, 임대인에 대해서는 차임 증감청구권, 계약갱신요구의 거부사유 등을 정하고 있습니다. 각 권리 의무는 차차 설명드릴게요.

그런데 주택임대차보호법이 모든 임대차 계약에 적용되는 것은 아니기 때문에, 지금 임차인의 계약에 적용되는지 그 기준을 먼저 확인하는 것이 중요합니다.

주택임대차보호법은 주거용 건물(주택)의 전부 또는 일부를 임대차하는 경우에 적용됩니다. 주택의 일부가 주거 외의 목적으로 사용되는 경우에도 마찬가지로 동법에 따른 보호를 받을 수 있지만, 임대목적물의 주된 부분이 영업을 위한 경우에는 상가건물 임대차보호법이 적용될 뿐이지 주택임대차보호법을 적용할 수는 없습니다. 또한 일시사용을 위한 임대차가 명백한 경우에는 동법이 적용되지 않습니다(주택임대차보호법 제11조).

그리고 등기를 하지 않은 전세계약의 경우에도 주택임대차보호법이 적용됩니다(주택임대차보호법 제12조).

**Q. 카페의 일부분을 개조해서 주거로 사용하는 경우에 주택임대차보호법 적용을 받을 수 있을까요?**

임대목적물을 주거용과 비주거용의 겸용으로 사용할 때, 주택임대차보호법이 적용되는 주거용 건물에 해당하는지 여부는 실질에 따르게 됩니다. 카페 일부분에서 주거로 일상적인 생활을 영위한 것이 명백한 경우에는 주택임대차보호법이 적용될 수 있는데, 주거용 건물에 해당하는지 판단은 임대차 계약 체결 시점을 기준으로 적용됩니다.

따라서 임차인이 카페와 같이 상행위를 위하여 임대차 계약을 체결하더라도, 내부에서 주거용으로 일상적 생활까지 할 목적이 명백하게 임대인과 공유되었다면 주택임대차보호법이 적용될 것입니다.

또한, 처음에는 카페영업을 위하여 상가 임대차 계약을 체결하였더라도, 이후 임차인이 임대인의 동의를 받고 카페의 일부분을 개조하여 주거용으로 사용하게 되는 경우 주택임대차보호법의 적용을 받을 수 있습니다.

우리 법원은 "주택임대차보호법 제2조 소정의 주거용 건물에 해당하는지 여부는 임대차목적물의 공부상의 표시만을 기준으로 할 것이 아니라 그 실지 용도에 따라서 정하여야 하고 또 건물의 일부가 임대차의 목적이 되어 주거용과 비주거용으로 겸용되는 경우에는 구체적인 경우에 따라 그 임대차의 목적, 전체 건물과 임대차목적물의 구조와 형태 및 임차인의 임대차목적물의 이용관계 그리고 임차인이 그곳에서 일상생활을 영위하는지 여부 등을 아울러 고려하여 합목적적으로 결정하여야 한다."라고 하였습니다(대법원 1995. 3. 10. 선고 94다52522 판결)

## Q. 상가건물 임대차보호법이 적용되는 기준을 알려주세요.

상가건물 임대차보호법은 주택임대차보호법이 모든 주택에 적용되는 것과 다르게, 모든 상가 임대차에 적용되는 것이 아니기 때문에 그 기준을 잘 살펴보아야 합니다.

상가건물 임대차보호법은, (i) 임차목적물이 사업자등록의 대상이 되는 상가건물 또는 임대목적물의 주된 부분을 영업용으로 사용하는 경우로, (ii) 보증금액이 아래와 같이 일정 금액 이하인 경우에만 적용됩니다(법 제2조 제1항).

| 지역 | 금액 |
| --- | --- |
| 서울특별시 | 9억 원 이하 |
| 과밀억제권역, 부산광역시 | 6억 9,000만 원 이하 |
| 광역시, 세종특별자치시, 파주시, 화성시, 안산시, 용인시, 김포시 및 광주시 | 5억 4,000만 원 이하 |
| 그 밖의 지역 | 3억 7,000만 원 이하 |

표1. 상가건물 임대차보호법 적용 대상 보증금액(출처: 시행령 제31243호, 2020. 12. 8.)

한편, 상가건물 임대차보호법의 적용 여부를 결정하는 기준이 되는 보증금액은 임차보증금액만을 의미하는 것은 아닙니다. 임차보증금 외에 월 차임이 있는 경우, 월 차임에 100을 곱한 금액을 임차보증금에 더하여 산정합니다(법 제2조 제2항, 영 제2조 제2항 및 제3항, 상가건물 임대차보호법상 이를 '환산보증금'이라고 합니다).

예를 들어, A 상가의 임차보증금이 1억 원이고, 월 차임이 500만 원인 경우, 환산한 보증금액은 6억 원(임차보증금 1억 원 + 월 차임 500만 원 × 100)이 됩니다. 이때, 이 A상가가 서울특별시에 있는 것이라면 환산한 보증금액이 9억 원 이하여서 상가건물 임대차보호법의 적용을 받게 되지만, 세종특별자치시에 있는 것이라면 환산보증금액이 5억 4,000만 원을 초과하기 때문에 상가건물 임대차보호법의 적용을 받지 않게 되는 것입니다.


## Q. 상가건물 임대차보호법이 적용되는 기준을 계산할 때 월세 부가가치세액도 포함되나요?

우리 법원에 의하면, 환산보증금 산정 시 월 차임에 대한 부가가치세액은 포함하지 않습니다.

즉, 임대차 계약서에 월 차임을 '월 100만 원(부가가치세 별도)'이라고 기재한 경우, 임대인에게 실제 지급하는 금원은 부가가치세를 포함한 110만 원(100만 원에 부가가치세 10만 원을 합한 금액)이지만, 월 차임은 100만 원입니다. 판례도 부가가치세액은 차임이 아니라는 점을 근거로 부가가치세액은 월 차임에 포함되지 않는다고 판시한 바 있습니다(수원지방법원 2009. 4. 29. 선고 2008나27056 판결).


## Q. 상가건물 임대차보호법이 적용되지 않는 상가 임대차의 경우 어떤 부분이 달라지나요?


상가건물 임대차보호법이 적용되지 않는 상가건물 임대차의 경우, 임차인에게 우선변제권[1](동법 5조 제2항), 최우선변제권[2](제14조)이 인정되지 아니하고, 임차권등기명령 제도[3](동법 제6조)를 이용할 수 없으며, 임대차 기간을 최소한 1년으로 보는 규정(동법 제9조) 역시 적용되지 않습니다. 또한 월 차임 전환 시 산정률 제한(동법 제12조), 보증금 또는 차임을 증액함에 있어 5% 범위 내라는 증액 제한 규정(동법 제11조)도 적용되지 않습니다.

---

1) 우선변제권이란, 상가건물 임차인이 보증금을 우선 변제받을 수 있는 권리를 말하는 것으로, 건물의 인도와 사업자등록신청을 하여 대항요건을 갖추고 관할 세무서장으로부터 임대차 계약서상의 확정일자를 받은 임차인이 경매 또는 공매 시 임차건물(임대인 소유의 대지를 포함한다)의 환가대금에서 후순위권리자나 그 밖의 채권자보다 우선하여 보증금을 변제받을 권리를 의미한다.

2) 소액임차인의 최우선변제권이란, 임차목적물에 대한 경매신청의 등기 전에 대항력을 취득한 일정한 범위의 소액임차인에게 보증금 중 일정액(임대건물가액의 2분의 1이 초과하지 않는 가액으로 한정)에 대해서는 담보물권(저당권, 근저당권 등)에 우선하여 변제받을 수 있는 권리를 의미한다.

3) 임차권등기명령 제도는, 임대차가 종료된 후 보증금이 반환되지 아니한 경우 임차인은 임차건물의 소재지를 관할하는 지방법원에 임차권등기명령을 신청할 수 있고, 임차권등기명령의 집행에 따른 임차권등기를 마치면 임차인은 임차목적물을 임대인에게 반환(이사를 함)하여 대항요건을 상실하더라도, 이미 취득한 대항력 또는 우선변제권을 상실하지 않도록 하는 제도이다.

# 2장

## 임대차
## 계약 체결 직전
## 주의사항

김한나 변호사

임대차 계약을 체결하기 전에 반드시 임대인의 신원을 확인하고, 임차목적물의 등기부와 대장을 떼어 보아야 합니다.

임대인에게 요청하여 체납세액사실증명서를 받아보는 것, 그리고 계약서의 내용을 꼼꼼히 확인하는 것 역시 기본입니다.

# 2장. 임대차 계약 체결 직전 주의사항

## 1. 계약 상대방 확인

### Q. 임대차 계약 체결 시 가장 먼저 해야 할 일은 무엇인가요?

맘에 드는 물건에 임대차 계약을 체결하기로 결정하고, 계약서를 작성하기 위하여 상대방을 만났다면, 먼저 신분증을 통해 임대인의 신원을 확인해야 합니다. 계약서에 기재된 임대인 정보와 계약당사자가 같은지 확인하고, 임대인이 물건을 임대할 권한이 있는지 명확하게 하기 위해 이름, 주민번호, 주소 및 연락처를 알아두실 필요가 있습니다.

등기부상 소유자가 임대인이란 것을 확인해보세요. 소유자가 아닌 경우에도 임대인이 되어 임대차 계약을 체결할 수는 있습니다. 그렇지만 소유권자가 아닌데 임대인이 되려면 임대권한을 위임 받았는지, 소유권자의 동의가 있는지 등을 확인해 보셔야 합니다. 다만, 임차인 입장에서는 추후 임대인이 임차보증금을 지급하지 않는 경우 임차목적물에 대해 경매를 신청하여 임차보증금을 반환받아야 할 수도 있기 때문에 임대인이 임차목적물의 소유자인 것이 좋습니다.

상대방의 신원을 확인하는 것은, 안전 문제를 미연에 방지하기 위해서도 필요하겠지만, 추후 분쟁 발생 시 임대인과 소통을 하기 위해서나 법원의 판단을 받기 위하여 소송을 할 때도 필요합니다.

## Q. 임대인이 임차목적물의 지분소유권자인 경우에는 어떻게 하나요?

등기부를 확인했더니 계약서를 작성하려는 임대인이 임차목적물 지분소유권자(여러 명이 공유 즉, 지분으로 임차목적물을 소유하고 있는 것)인 경우, 임대인이 과반수의 지분권자라 하더라도 다른 공유지분권자가 동의했는지 여부를 반드시 확인해야 합니다. 이때 동의 여부 확인은 그 근거를 남겨 놓아야 합니다. 예를 들어, 전화를 하여 녹취를 한다든지, 다른 지분권자들의 동의서를 받는다든지, 다른 지분권자임이 명확한 사람과 문자메시지를 교환하는 등의 방법으로 근거를 남겨 놓는 것이 좋습니다.

공유물의 경우, 공유자 중 과반수가 동의하면 이를 목적으로 임대차 계약을 체결할 수 있지만, 이후 임대차 보증금을 반환받지 못하는 경우 동의한 지분에 대해서만 반환청구소송 또는 경매 등 추심절차를 진행할 수 있기 때문에 유의하셔야 합니다(민법 제265조).

## Q. 임차목적물에 가등기권자가 있는 경우는 어떻게 해야 하나요?

가등기는 소유권이전청구권 가등기와 담보 가등기로 나뉠 수 있습니다. 담보 가등기의 경우는 저당권 설정등기와 비슷한 것이어서 소유권의 변동이 없으므로 문제되지 않지만, 소유권이전청구권 보전을 위한 가등기는 부동산의 물권 변동에서 순위 보전의 효력이 있는 것이므로 가등기권자의 본등기 이전 시 가등기 시점으로 소급하여 소유권을 취득하게 됩니다.

즉, 소유권이전청구권 가등기 이후 임대차 계약을 체결하더라도 가등기권자가 본등기를 취득한다면, 물권의 배타성에 의하여 실질적으로 계약 무효가 될 수 있고, 임차인은 본등기를 한 새로운 소유권자에 대하여 임대차 보증금을 반환받을 수 없습니다. 또한 임차인은 계약갱신요구권 등을 행사할 수 없게 되는 위험이 있습니다.

따라서, 임차인 입장에서는 소유권이전청구권 가등기와 담보 가등기를 구분하기 쉽지 않기 때문에, 가등기권자가 있는 경우에는 가등기권자의 동의를 받거나 현 소유자와 가등기권자를 공동임대인으로 하여 임대차 계약을 체결하는 것이 안전합니다.

강원도 고성군 주택의 소유권자 A는 2020년 8월 26일 B와 매매예약을 하여 소유권이전청구권 가등기를 마쳤고, 이후 2020년 9월 26일 C와 보증금 1,000만 원, 임차기간 1년으로 정하여 임대차 계약을 체결하였습니다. 이후 C는 2020년 9월 27일 입주하였습니다.

그러던 중, B는 가등기에 기하여 2021년 5월 31일, 이 사건 주택 소유권이전의 본등기를 마쳤습니다.

임차인 C는 2021년 9월 26일 계약 기간이 종료되자, B에게 이 사건 주택을 양수하였으니 임대인 지위를 승계하는 것이므로 임대차 보증금을 반환해줄 것을 요구하였습니다. C는 B로부터 보증금을 돌려받을 수 있을까요?

정답은 "A와 B 사이에 임대인 지위 승계 특약이 없었다면, No"입니다. 우리 판례는 소유권이전등기청구권을 보전하기 위하여 가등기를 경료한 자가 그 가등기에 기하여 본등기를 경료한 경우 중간처분이 실효되는 효과를 가져오므로, 가등기 경료 후 주택임대차보호법 소정의 대항력을 취득한 임차인은 가등기에 기하여 본등기를 경료한 자에 대하여 임대차 효력으로써 대항할 수 없다고 판시하였습니다(수원지방법원 2018. 6. 28. 선고 2017나16805 판결). 따라서 C는 B가 아니라, A에게 임대차 보증금을 반환받을 수 있을 것입니다.

## Q. 임차목적물에 신탁등기가 되어있는 경우 어떻게 해야 하나요?

임차목적물의 등기부를 확인해 보니 신탁등기가 되어있는 경우, 해당 신탁계약의 내용을 자세히 알기 위해서는 신탁원부를 발급받아 내용을 확인해 볼 수 있습니다. 신탁원부 기재 내용에 따라 임대차 계약과 관련한 권리·의무도 달라질 수 있습니다.

신탁원부에는 위탁자와 수탁자(보통 신탁회사) 사이의 권리관계가 나와있기 때문에 부동산의 임대차 계약당사자, 임대보증금 수령권한자, 임대목적물관리의무자, 보증금 반환의무자 등을 확인하고 예외 상황을 숙지하고 계셔야 합니다.

일반적으로 신탁계약으로 인하여 대외적 소유권자가 된 수탁자(신탁회사)가 임대인이 되는 경우가 많고, 위탁자와 수탁자가 동시에 계약 당사자가 되는 경우도 있으니 주의하세요.

### 관련 사례

임차인 A는 신탁된 ○○오피스텔을 임차하여 사용하였고, 거주와 동시에 주민등록을 이전하고 확정일자를 받아두었습니다.
당시 신탁계약상 위탁자 B는 수탁자 신탁회사의 사전 승낙을 받아 위탁자 B의 명의로 신탁부동산을 임대하도록 정하였고, 이러한 신탁계약의 내용이 신탁부에 기재되었으며, 우선수익자인 금융기관은 신탁부동산에 관하여 '위탁자의 임대차 계약 체결에 동의하되, 수탁자는 보증금 반환에 책임이 없다'는 취지의 동의서를 작성하여 위탁자 및 신탁회사에 교부하였습니다.

문제는 이후 C가 공매절차를 통하여 ○○오피스텔을 낙찰받게 되었고 소유 권이전등기를 마쳤습니다. 그 후 임차인 A는 임대차 기간이 만료되어 보증금을 반환받고자, ○○오피스텔의 소유주인 C에게 보증금반환청구를 하였는데, 어떻게 되었을까요?

판례는, 신탁원부의 대항력이 인정됨을 전제로, 신탁계약 이후에 위탁자로부터 임차한 피고 A는 임대인인 위탁자 B를 상대로 임대차 보증금의 반환을 구할 수 있을 뿐 수탁자인 신탁회사를 상대로 임대차 보증금의 반환을 구할 수 없고, 나아가 수탁자인 신탁회사가 임대차 보증금 반환의무를 부담하는 임대인의 지위에 있지 아니한 이상 신탁회사로부터 신탁부동산의 소유권을 취득한 C가 주택임대차보호법 제3조 제4항에 따라 임대인의 지위를 승계하여 임대차 보증금 반환의무를 부담한다고 볼 수도 없다고 보았습니다.

따라서 임차인 A는 C에게 임대차 보증금을 반환받지 못하고, 신탁원부에 기재된 내용에 따라 위탁자인 B를 상대로 임대차 보증금을 반환받을 수 있습니다.

## Q. 임대차 계약을 체결할 때 반드시 임대인의 인감도장으로 날인하고, 인감증명서를 받아야 하나요?

인감도장 날인과 인감증명서를 받아야 임대차 계약이 유효하게 성립하는 것은 아닙니다. 인감증명서를 첨부하지 않더라도, 각 당사자가 계약서에 자필서명을 하거나 도장을 찍는 것만으로 임대차 계약은 유효하게 성립합니다.

다만, 추후 임대인이 자신이 날인한 것이 아니라는 등의 주장을 하는 경우 임차인이 '임대인이 직접 날인하였다'라는 사실을 입증해야 하는데, 인감증명서를 받아 첨부하면 임대인이 이러한 주장을 할 여지가 없어집니다. 따라서 인감도장을 날인하고 인감증명서를 첨부하는 것이 좋습니다.

## Q. 임대인의 대리인이 와서 임대차 계약을 체결해도 되나요?

네. 임대인의 대리인과 임대차 계약을 체결할 수도 있습니다. 다만, 몇 가지 반드시 요청할 서류가 있습니다. 이 경우, 임대인과 대리인의 각 신분증, 임대인 본인의 인감증명서, 임대인 본인의 인감도장이 날인된 위임장 등을 요청해야 합니다. 이때 위임장에 대리인이 수임인으로 기재되어 있는지, 임대차 계약 체결에 관한 대리권한이 기재되어 있는지 확인해야 합니다.

임대인이 위임장에 인감도장이 아닌 일반 도장을 날인할 수도 있습니다. 일반 도장을 날인했더라도 위임장의 효력은 당연히 인정되지만, 추후 분쟁이 발생할 경우 법적인 문제가 발생할 수 있습니다. 따라서, 이 경우 반드시 임대인 자신이 직접 위임장에 날인한 것이 맞는지 확인하는 절차를 거쳐야 합니다. 임대인과 직접 통화를 하여 본인이 위임장에 날인하였는지, 대리인이 정당하게 권한을 위임받았는지 확인하고,

통화녹음, 문자 메시지 등 증거를 남겨두면 더 확실하겠지요.

그리고, 계약서에는 반드시 대리인이 자필로 직접 서명하거나 자신의 도장으로 직접 날인해야 합니다.

- 임대인과 대리인의 각 신분증, 임대인 본인의 인감증명서, 임대인 본인의 인감도장이 날인된 위임장 준비
- 임대인이 임대차체결에 관한 권한을 대리인에게 직접 부여하고, 위임장에 날인한 것이 맞는지 확인. 전화(통화 녹음)나 문자 메시지로 증거 남겨 두기
- 본 계약서에 서명날인은 대리인 자신이 직접, 대리인의 도장으로 하기

## Q. 임대인이 세금을 체납했는지 확인하고 싶은데, 체납세액사실증명서를 달라고 해도 될까요?

혹시 모를 위험을 방지하기 위해서는 임대인의 체납세액사실증명서 발급을 요청하여 임대인의 세금 체납여부를 확인해 볼 필요가 있습니다.

즉, 임대인이 체납한 세금 중 당해세(국세로는 토지초과이득세, 상속세, 증여세, 재평가세가 있고, 지방세로는 재산세, 자동차세, 도시계획세가 있습니다)가 있는 경우, 당해세는 임차인의 임차보증금보다 먼저

지급됩니다.

나중에 임대인이 돈이 없어서 임차보증금을 돌려주지 못하는 경우, 임차인은 임차목적물에 대해 경매를 신청하여 그 낙찰가액으로 임차보증금을 돌려받아야 하는데, 임대인이 당해세를 체납했다면 국세청이 임차인보다 우선하여 낙찰가액에서 상당액을 가져가게 된다는 것입니다.

그렇다면, 임대인의 체납세액여부는 이후 임차보증금반환에도 영향을 끼칠 수 있기 때문에 임대인에게 체납세액사실증명서 발급을 요청할 수 있겠지요.

## Q. 임대인이 체납세액사실증명서를 보여주지 않으려고 하면, 임대인에게 체납세액사실증명서를 발급해 줄 것을 강제할 수 있나요?

임대인이 임대차 계약을 체결할 때 임차인에게 체납세액사실증명서를 발급받아줄 의무가 있는 것은 아니기 때문에 이를 강제할 수는 없습니다.

체납세액사실증명서는 국세청 홈택스에서 쉽게 발급받을 수 있는 것인데, 임대인이 체납세액사실증명서를 주지 않으려고 한다면, 임대인에게 체납된 세금이 있을 수 있겠지요.

임대인이 체납세액사실증명서를 발급해줘야 할 의무는 없지만, 숨길 필요도 없는 것이기 때문에, 임대차 계약을 체결할 때 신중하게 생각해

보시기 바랍니다.

　그리고 최근 발생한 빌라왕 사건 등 전세 사기로 인한 피해자가 많아져 국세징수법 109조 개정안이 통과되었습니다. 이에 2023. 4. 1.부터는 임차인의 미납국세 열람권이 확대되어서, 건물 소유자의 동의 없이도 대통령령이 정하는 보증금액을 초과하는 임대차 계약을 체결한 임차인에게 미납국세를 직접 열람할 수 있게 된 것도 참고하세요.

제109조(미납국세 등의 열람) ① 「주택임대차보호법」 제2조에 따른 주거용 건물 또는 「상가건물 임대차보호법」 제2조에 따른 상가건물을 임차하여 사용하려는 자는 해당 건물에 대한 임대차계약을 하기 전 또는 임대차계약을 체결하고 임대차 기간이 시작하는 날까지 임대인의 동의를 받아 그 자가 납부하지 아니한 다음 각 호의 국세 또는 체납액의 열람을 임차할 건물 소재지의 관할 세무서장에게 신청할 수 있다. 이 경우 열람 신청은 관할 세무서장이 아닌 다른 세무서장에게도 할 수 있으며, 신청을 받은 세무서장은 열람 신청에 따라야 한다. 〈개정 2022. 12. 31.〉
1. 세법에 따른 과세표준 및 세액의 신고기한까지 신고한 국세 중 납부하지 아니한 국세
2. 납부고지서를 발급한 후 지정납부기한이 도래하지 아니한 국세
3. 체납액
② 제1항에도 불구하고 임대차계약을 체결한 임차인으로서 해당 계약에 따른 보증금이 대통령령으로 정하는 금액을 초과하는 자는 임대차 기간이 시작하는 날까지 임대인의 동의 없이도 제1항에 따른 신청을 할 수 있다. 이 경우 신청을 받은 세무서장은 열람 내역을 지체 없이 임대인에게 통지하여야 한다. 〈신설 2022. 12. 31.〉
③ 제1항에 따른 열람신청에 필요한 사항은 대통령령으로 정한다. 〈개정 2022. 12. 31.〉
[시행일: 2023. 4. 1.] 제109조

## Q. 임대차 계약 전, 임차목적물에 관한 정보는 무엇을 통해 알 수 있나요?

먼저 임대차 계약 전 임차인이 사용할 임차목적물의 권리의무 관계를 확인하는 것이 중요합니다. 임차목적물의 정보를 가장 쉽게 확인할 수 있는 방법은 등기사항전부증명서와 건축물대장을 확인하는 것입니다.

첫째로, 등기사항전부증명서(이하, '등기부'라 함)를 확인하여 임차목적물의 권리관계를 파악해야 합니다.

| 【 표 제 부 】 ( 건물의 표시 ) | | | | |
|---|---|---|---|---|
| 표시번호 | 접 수 | 소재지번 및 건물번호 | 건 물 내 역 | 등기원인 및 기타사항 |
| 1 | 2007년2월14일 | ███ | 위지상<br>철근콘크리트구조<br>(철근)콘크리트지붕 4층<br>제1종 근린생활시설<br>지층 273. 53평방미터<br>1층 206. 9 평방미터<br>2층 206. 9 평방미터<br>3층 206. 9 평방미터<br>4층 166. 5 평방미터<br>옥탑1층 18. 62평방미터<br>(연면적제외) | |

| 【 갑 구 】 ( 소유권에 관한 사항 ) | | | | |
|---|---|---|---|---|
| 순위번호 | 등 기 목 적 | 접 수 | 등 기 원 인 | 권리자 및 기타사항 |
| 1 | 소유권보존 | 2007년2월14일<br>제12884호 | | 공유자<br>지분 2분의 1<br>████<br>지분 2분의 1<br>████ |
| 1-1 | 1번등기명의인표시<br>변경 | | 2011년10월31일<br>도로명주소 | ████<br>2013년8월20일 부기 |
| 1-2 | 1번등기명의인표시<br>변경 | 2014년7월7일<br>제147204호 | 2011년10월31일<br>도로명주소 | ████ |

| 【 을 구 】 | ( 소유권 이외의 권리에 관한 사항 ) | | | |
|---|---|---|---|---|
| 순위번호 | 등 기 목 적 | 접 수 | 등 기 원 인 | 권리자 및 기타사항 |
| 1 | 전세권설정 | 2007년4월16일<br>제30558호 | 2007년4월16일<br>설정계약 | 전세금 금300,000,000원<br>범 위 업무용, 1층건물의 전부<br>존속기간 2007년 5월1일부터 2011년 4월<br>30일까지<br>반환기 2011년 4월30일까지<br>전세권자 |
| 2 | 근저당권설정 | 2007년4월23일<br>제32818호 | 2007년4월23일<br>추가설정계약 | 채권최고액 금960,000,000원<br>채무자<br>근저당권자<br>공동담보 |

등기부는 위에서 보는 바와 같이, 표제부, 갑구, 을구로 구성되어 있습니다. 표제부에는 부동산의 주소, 용도, 면적 등 물건의 현황이, 갑구에는 소유권, 압류, 가압류 등 소유권 및 소유권 관련 권리관계가, 을구에는 저당권, 전세권, 지상권 등 소유권 이외의 권리관계가 각각 기재되어 있습니다.

따라서 등기부를 열람하여 아래 각 사항을 확인해보는 것이 좋습니다.

- 표제부에서는, 표제부상 물건의 현황이 임대차 계약서상 임차목적물의 현황과 동일한지
- 갑구에서는, 소유자가 임대차 계약서상의 임대인과 동일한지, 공유권 자는 아닌지, 그리고 압류, 가압류, 가등기 등의 사유가 없는지, 압류, 가압류 등의 사유가 있다면 그 청구금액이 얼마인지
- 을구에서는, 저당권 등 담보물권의 존재 및 피보전채권(저당권으로 담

보되는 채권)의 액수, 임차권등기명령에 따른 임차권등기가 있는지(소액보증금 최우선 변제권 인정 여부를 확인하기 위함[1])

일반적으로 문제되는 것은 가압류와 저당권일 것입니다. 가압류는 말 그대로 임시적으로 압류한 것일 뿐이지만 이후 가압류권자가 재판을 통하여 가압류상 청구금액을 인정받게 되면 가압류권자는 임차목적물을 경매하여 청구금액 상당의 권리를 주장하고, 경매 등 방법으로 채권을 추심할 수 있습니다.

그리고, 저당권 역시 임차목적물의 소유자가 피담보채권[2](저당권으로 담보되는 채권)의 원리금을 변제하지 않으면 저당권자가 임차목적물에 대해 피담보채권 또는 채권최고액[3] 상당의 권리를 주장할 수 있습니다.

따라서, 가압류의 청구금액이나 저당권의 피담보채권액(또는 채권최고액)이 상당한 액수일 경우, 추후 보증금을 반환받아야 할 때 문제가 발생할 소지가 있습니다.

---

1) 임차권등기명령에 따른 임차권등기가 된 이후에 임차목적물을 임차한 임차인은 소액보증금 최우선변제를 받을 수 없습니다(주택임대차보호법 제3조의3 제6항). 이때 소액보증금 최우선변제권이란, 임차목적물에 대한 경매신청의 등기 전에 대항력을 구비한 임차인에게 보증금 중 일정액에 대해 다른 담보물권자보다 우선하여 변제받을 권리를 말합니다(주택임대차보호법 제8조 제1항).

2) 예를 들어, 1억 원을 빌리고 부동산에 저당권을 설정하는 경우, 피담보채권액은 1억 원입니다. 다만, 실무상 저당권이 아닌 근저당권을 설정하는 경우가 많은데, 근저당권은 피담보채권액이 고정된 것이 아니고 변동하는 경우에 설정합니다.

3) 근저당권의 경우 피담보채권액이 변동하기 때문에 해당 피담보채권액에 대해 부동산으로 담보되는 범위를 정해 놓는데 이를 채권최고액이라고 합니다. 일반적으로 1억 원 상당을 빌리는 경우 그 120%인 1억 2,000만 원 상당을 채권최고액으로 설정하여 등기부에 기재합니다.

| 2 | 카압류 | 2015년7월8일 제58784호 | 2015년7월8일 서울가정법원의 카압류결정(201 5즈단30660) | 청구금액 ~~~~~ 채권자 ~~~~~ |
|---|---|---|---|---|

| 2 | 근저당권설정 | 2007년4월23일 제32818호 | 2007년4월23일 추가설정계약 | 채권최고액 ~~~~~ 채무자 ~~~~~ 근저당권자 ~~~~~ 공동담보 ~~~~~ |
|---|---|---|---|---|

또한, 임차권등기명령의 집행으로 임차권등기가 경료된 주택을 그 이후에 임차한 임차인은 소액보증금의 최우선변제권이 인정되지 않으므로(주택임대차보호법 제3조의3 제6항), 임차권등기 여부도 확인해야 합니다.

| 3 | 주택임차권 | 2020년9월29일 제223688호 | 2020년9월21일 서울남부지방법원의 임차권등기명령 (2020카임707) | 임차보증금  금209,000,000원<br>차 임 없음<br>범 위 건물전부<br>임대차계약일자 2018년8월18일<br>주민등록일자 2018년9월10일<br>점유개시일자 2018년9월8일<br>확정일자 2018년8월21일<br>임차권자 ~~~~~ |
|---|---|---|---|---|

둘째, 건축물대장을 확인해 보아야 합니다.

건축물대장에는 건축물의 변동사항이 표시되는데, 불법건축물인 경우 앞장 윗부분에 '위반건축물'이라고 표기됩니다. 그리고 그 뒷장에는 위반 사항의 세부 내용이 기재됩니다.

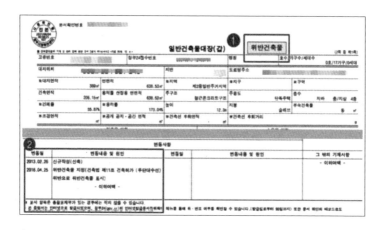

위반건축물인 경우, 임차보증금 대출을 받을 수 없고, 주택도시보증공사가 제공하는 전세보증금반환보증을 활용하기도 어렵습니다. 더욱이, 추후 임대차 기간이 종료된 경우에도 새로운 임차인을 구하기 어려울 수도 있습니다.

## 3. 특약사항 명시

## Q. 어떤 내용을 특약사항으로 정해 놓아야 할까요?

임대차 계약서는 표준임대차계약서(첨부 1-1. 주택임대차 표준계약서, 1-2. 민간임대주택 표준임대차계약서)를 사용하는 경우가 많은데, 표준임대차계약서에 기재되지 않은 사항 중 양 당사자가 합의하여 준수하기 바라는 내용을 특약사항으로 정하게 됩니다. 강행법규의 위반이 없는 한 양 당사자가 특약사항으로 정한 것은 유효하게 계약내용이 되는 것입니다.

일반적으로는 임차인이 임대인에게 자신의 요구조건을 모두 밝히고 이것을 관철시켜 특약사항에 포함시키기는 사실상 어렵습니다. 그래도 반드시 필요한 사항이라고 생각되면 사전에 특약사항으로 정해 놓으시고, 구두로 약속한 내용은 추후 분쟁을 방지하는 차원에서 계약서 내 특약사항으로 기재해 두시기 바랍니다.

예를 들어, 임대인이 제3자의 계좌로 보증금을 송금할 것을 요청하는 경우가 있는데, 이 경우 '임차보증금은 임대인이 지정하는 아래 계좌로 송금하는 방식으로 지급하기로 한다. 계좌번호: 00은행 000-000-0000 ***'라는 내용을 특약으로 삽입하고 영수증을 받는 것입니다. 추후 분쟁이 발생하는 경우 임대인이 자신은 보증금을 지급받은 적이 없다는 주장을 할 수도 있기 때문입니다. 양자 간 합의한 내용은 모두 임대차 계약서에 기재하여 누가 보더라도 명확하게 하는 것이 중요합니다.

특약사항이라는 것이 어려운 것이 아닙니다. 당사자가 동의한 내용을 구체적으로 기재해 두시면 됩니다. 이제 몇 가지 특약사항 내용 및 문구를 조언해 드리겠습니다.

### 확정일자 취득 시까지 처분행위 금지

임차인은 반드시 대항력을 취득하고 확정일자를 받아야 합니다. 그러나 대항력은 대항요건(임차목적물 인도 및 전입신고)을 갖춘 다음 날부터 발생하고 확정일자를 통한 우선변제권 역시 대항력을 전제로 발생하므로, 임대차 계약 체결 시부터 대항력을 취득하는 날까지 그 사이에 임대인이 임차목적물에 대해 저당권을 설정하는 등 처분행위를 하게 되면 임차인은 저당권자보다 후순위로 밀리게 됩니다. 즉, 임대인이 임차보증금을 지급하지 못하고 유일한 자산인 임차목적물이 경매 대상이 되는 경우, 저당권자가 임차인보다 먼저 자신의 채권액을 지급받게 됩니다.

따라서 임대차 계약서상, 임대인으로 하여금 임대차 계약 체결일부터 임차인이 확정일자를 취득할 때까지 처분행위를 금지하고, 처분행위 시에는 임차인에게 알릴 것을 명기할 필요가 있습니다.

**예시) 임대인은 본 계약 체결 이후 임차인이 본 계약에 따라 임대차 계약서에 확정일자를 취득할 때까지 임차목적물에 대한 처분행위를 하지 않기로 한다. 임대인이 이를 위반하는 경우 임차인은 본 계약을 즉시 해지할 수 있고, 임대인은 그때까지 임차인으로부터 지급받은 금원의**

배액(2배 상당의 금액을 의미함)을 즉시 상환하기로 한다.

## 수선범위 명기

민법은 원칙적으로 임대인에게 임차목적물의 수선의무를 부과하고 있으므로, 임차인은 수리가 필요한 경우 임대인에게 해당 부분의 수리를 요청할 수 있습니다.

그러나 실제로는 임차인의 요청에도 불구하고 임대인이 해주지 않으려고 하거나, 수선범위에 대해 양 당사자의 의견이 대립하는 경우가 발생합니다. 따라서, 문제될 소지가 있는 부분 즉, 석고보드로 조성한 벽이 손상되거나 당초 달려 있던 도어락이 고장난 경우 등 구체적 항목을 정하여 사전에 계약서상 특약사항으로 명시적으로 정해 놓는 것이 필요합니다.

**예시) 임차목적물 중 도어락, 중앙에어컨이 고장나는 경우 임대인이 이를 수리하기로 한다.**

## 현 상태로 계약함

부동산 중개업소에서 준비한 계약서에, '현 상태로 계약함'이라는 문구가 명기되어 있는 경우가 있습니다. 임차목적물의 상태는 보기에 따라 다를 수 있는데, 일반적으로 임차목적물을 임대하는 임대인 입장에서는 수선이 필요 없는 상태라고 생각을 하겠지만 임차인 입장에서는 수선을 해야 한다고 생각할 수 있는 것입니다. 따라서 추후 수선과 관련한 분쟁이 발생할 수 있습니다.

민법은 원칙적으로 임대인에게 수선의무를 부과하고 있으므로, 이러한 분쟁을 피하기 위해서는 '현 상태로 계약함'이라는 문구를 명기합니다. 이 경우, 임대차 계약 체결 시의 상태로 임대를 한 것이기에, 임차인은 그 상태가 '수선을 요하는 상태'라고 주장할 수 없게 됩니다.

그렇다면 임차인의 입장에서는 계약 체결 시 상태에 대하여 추가 수선을 요청할 수 없게 될 수 있기 때문에 상당히 불리한 내용으로 작용할 수도 있습니다. 이러한 계약 문구가 있고 임대인이 이 문구를 관철하려고 한다면, 시간이 걸리더라도 반드시 임차목적물의 현 상태를 꼼꼼히 확인한 후에 계약서에 날인하는 것이 좋습니다. 살펴볼 사항으로는, 창의 상태, 벽면(벽이 석고보드로 되어 있어 쉽게 파손되는 것은 아닌지) 및 도배 상태, 화장실 수압 등입니다.

**예시) 임대인과 임차인은 임차목적물의 현 상태 그대로 계약하기로 한다.**

### 전대차[4] 동의

일반적으로 사용되는 임대차 계약서는 전대를 금지한다는 내용이 기재되어 있는데, 동 조항은 강행규정이 아니기 때문에 당사자의 동의로 삭제할 수 있고 전대차를 동의한다는 내용까지 미리 정할 수 있습니다.

---

4) 임차인이 다시 임대인이 되어 제3자에게 임차목적물을 사용수익하게 하는 것을 의미. 이 때, 임차인을 전대인이라고 부르고, 전대인인 임차인이 임대해 주는 제3자는 전차인이라고 칭함[임대인-임차인(전대인)-전차인].

만약 임차인이 다시 전대인이 되어 제3자에게 임차목적물을 사용수익하게 하고 싶다면 미리 특약사항으로 임대인에게 전대를 동의한다고 정해 놓을 수 있습니다.

**예시) 임대인은 임대차 계약 기간 동안 임차인이 제3자에게 임차목적물의 일부 또는 전부를 전대하는 것에 동의한다.**

### 제소전화해

임대차가 종료되어도 임대인이 임대차 보증금을 반환하지 않는 경우, 소송으로 해결하는 경우가 많은데, 소송의 경우 상당한 시간(통상적으로 6개월 이상)이 소요됩니다. 그래서 제소전화해 제도를 활용하는 방법을 안내해 드리겠습니다(첨부 2. 제소전화해 신청서).

제소전화해란 민사분쟁에 대한 소송을 제기하기 전 화해를 원하는 당사자의 신청으로 지방법원 단독판사 앞에서 행해지는 화해를 말하는데, 이는 판결문과 동일한 효력이 있고 창설적 효력이 있습니다.

보통 제소전화해는 임대인이 명도소송을 제기하지 않고 강제집행을 하기 위하여 쓰이는 경우가 많습니다. 이때 임차인은 기지를 발휘하여 임대차 보증금반환에 대해서도 확정판결의 효를 받아두면 좋겠지요.

따라서 임대차 계약 체결 시에 '제소전화해'를 하기로 계약서에 명기하고, '임대인은 임대차 종료일에 임대차 보증금 000원을 반환한다'라는 내용으로 제소전화해 신청을 하여 결정문을 받아놓는 경우, 임대차 종료 후 임대인이 보증금을 반환하지 않는다면 결정문을 근거로 소송을 제기하지 않고도 임대인의 다른 재산에 대하여 보증금 상당의 금원을 강제추심 할 수 있습니다.

> 예시) 임대인과 임차인은 분쟁을 사전에 방지하기 위하여 아래 내용의 제소 전화해를 신청하기로 하고, 이에 소요되는 비용은 ＿＿＿이 부담하기로 한다(또는, 이에 소요되는 비용은 임대인과 임차인이 절반씩 부담하기로 한다).
> 임대인은 임대차 종료일(00년 0월 0일)까지 임차인에게 임대차 보증금 000원을 반환한다. 단, 임대인이 종료일까지 보증금의 지급을 지체한 때에는 지체된 원금 및 이에 대하여 임대차 종료일 다음 날부터 다 갚는 날까지 연 00% 비율에 의한 지연손해금을 지급한다.

### 권리금반환

상가 임대차의 경우 상가건물에서 영업을 하는 사람 또는 영업을 하려는 사람이 영업시설, 비품, 거래처, 신용, 영업상의 노하우, 상가건물의 위치에 따른 영업상의 이점 등 유무형의 재산적 가치를 이용하는 대가로서 임대인에게 보증금과 차임 이외에 권리금을 지급하는 경우가 많습니다.

임차인은 상가 임대차 계약이 종료되는 시점에 새로운 임차인 또는 임대인에게 위 권리금을 다시 회수해야 하는데, 임차인과 임대인 사이에 권리금 회수방법, 금액, 회수시점 등에 이견이 많아서 분쟁이 많이 일어납니다.

이에 권리금과 관련된 모든 상황을 특약으로 정할 수는 없다 하더라도, 몇 가지 예상되는 상황을 임대차 계약서에 특약사항으로 정하는 방법도 생각해볼 수 있습니다.

예시) ① 권리금은 000원으로 한다. 단 임대인의 동의가 있는 경우 권리금은 양도할 수 있다.

② 임대차 계약 기간 만료 이후 임대인이 본 부동산을 동일업종의 영업장소로 사용하는 경우 또는 임대인의 귀책으로 계약을 해지하여 본 부동산을 명도해야하는 경우에는 임대인은 임차인에게 권리금 000원을 다시 반환한다.

지난주 월세집을 구하려고 발품을 팔던 중 맘에 드는 집이 있었습니다.

집주인에게 다음 주 계약을 체결하면 바로 입주하고 싶다고 말씀은 드렸지만 아직 완전히 결정을 못했어요. 그랬더니 가계약금을 걸어두고 가야 다른 사람한테 집을 내놓지 않는다고 해서, 일단 가계약금 300만 원을 지급하고 집으로 왔어요.

근데 주변 다른 시세보다 비싼 것 같아서, 계약하고 싶지 않다고 하고 가계약금을 돌려달라고 말씀드렸는데, 돌려줄 수 없다고 하더라고요.

저는 가계약금을 돌려받을 수 없는 것인가요?

## Q. 계약서를 작성하기 전 가계약금을 지급 하였고, 이후 계약 체결을 하지 않았는데도 가계약금을 돌려받을 수 없나요?

가계약과 관련한 권리·의무는 계약성립의 실질이 있었는지에 따라 답이 달라집니다.

많은 분들이 민법 565조(해약금)에 근거하여, 가계약금을 일단 지급한 이후 지급당사자가 계약을 해지하려면 지급한 금원을 포기해야한다고 생각합니다.

> 제565조(해약금) ① 매매의 당사자 일방이 계약당시에 금전 기타 물건을 계약금, 보증금등의 명목으로 상대방에게 교부한 때에는 당사자 간에 다른 약정이 없는 한 당사자의 일방이 이행에 착수할 때까지 교부자는 이를 포기하고 수령자는 그 배액을 상환하여 매매계약을 해제할 수 있다.

하지만 민법 565조는 계약이 성립한 것을 전제로 하기 때문에, 계약이 성립되기 전이라면, 동 조항을 적용할 수는 없게 되고, 가계약금을 부당이득한 상대방으로부터 돌려받을 수 있게 됩니다. 하지만 만약 계약이 성립된 것이라면, 동 조항에 따라 계약을 해제하기 위해 계약금을 포기해야 하기 때문에 가계약금을 돌려받지 못하게 되는 것입니다.

조금 더 쉽고 자세하게 설명해보겠습니다.

만약 해당 상황이 실질적으로 계약이 성립되기 전이라고 인정된다면, 임차인 또는 임대인 누구든지 계약을 체결하지 않겠다는 의사표시를 하는 경우, 임대인은 가계약금을 반환해 주어야 합니다. 그러나 양당사자의 합의에 의하여 계약이 실질적으로 성립된 경우라면, 임차인이 계약을 파기하고자 하면 임대인은 계약금을 돌려줄 필요가 없고, 임대인이 계약을 파기하고자 하면 약정한 계약금의 배액을 임차인에게 지급해야 하는 것입니다.

참고로, 강학상 가계약은 아직은 정식으로 계약이 체결되지 않은 상태에서, 추후 당사자 간 별도의 추가 합의나 방식의 구비 등을 통하여 본 계약을 체결하기로 한 약정으로, 계약 체결의 우선적 지위를 점하는 효력만 있는 것으로 정의됩니다.

하급심 판례 중에는 가계약을 '계약의 본질적 사항이나 중요 사항에 관하여 구체적으로 의사의 합치가 있었다거나 장래 이를 구체적으로 특정할 수 있는 기준 등에 관한 합의가 없어 계약이 성립되지 않은 것으로 보이는 상황'으로 판단하고, 가계약금의 반환을 부당이득금으로 인정한 사례가 있습니다(서울남부지방법원 2018가소204587 부당이득금).

따라서 구체적인 사실관계를 따져 보아서, 실제 계약이 성립되기 전이라고 인정되는 경우 가계약금을 반환받을 수 있습니다.

## Q. 임대차 계약서를 작성하기 전 가계약금만 지급한 상태라면, 아직 계약이 성립하지 않은 것인가요?

계약의 성립여부는 실질에 따라야 합니다. 흔히 계약서를 작성하지 않으면 계약이 체결되지 않았다고 생각하지만, 민법상 계약은 당사자 간 의사표시의 합치만으로 성립하므로, 계약서를 작성하지 않았다고 하더라도 당사자 간에 계약을 체결하기로 하였다면 계약은 이미 성립한 것입니다.

예를 들어 현실에서는 임차목적물도 제대로 살펴보지 않은 상태에서 임차인이 될 수 있는 우선적 지위를 확보하기 위해 임대인과 임차인 간에 소위 가계약금을 수수하는 관행이 존재합니다. 이와 같이 임차목적물의 상태나 임차조건에 대한 구체적 합의도 없이 가계약금만 지급한 경우라면, 용어 자체로 아직은 정식으로 계약이 체결되지 않은 상태라 할 수 있고, 별도의 추가합의나 방식의 구비 등이 있어야 계약이 성립하게 됩니다.

그러나, 임차인이 임차목적물에 대한 정보를 충분히 확인하고, 양당사자가 임대차 보증금, 월 차임, 임대차 기간, 인도날짜 등에 대하여 합의를 하고 계약서만 추후 작성하기로 하고 가계약금을 입금한 경우에는 계약은 성립하였다고 볼 수 있습니다.

# 3장

## 임대차 계약
## 체결 직후
## 체크리스트

임차인

변호사님. 집을 알아보면서 공인중개사님의 도움을 많이 받았는데요. 중개수수료는 언제, 얼마나 지급하는 것이 적당할까요?

# 3장. 임대차 계약 체결 직후 체크리스트

## 1. 중개업체 관련

## Q. 중개수수료는 언제 지급해야 하나요?

공인중개사를 통하여 임대차 계약을 체결한 경우 공인중개사에게 중개보수를 지급해야 합니다(공인중개사법 제32조 제1항). 중개수수료 지급 시기는 공인중개사와의 약정에 따르되, 약정이 없는 경우 임대차 계약에 따른 임차보증금의 지급이 완료된 날입니다(공인중개사법 제32조 제3항, 동법 시행령 제27조의2).

## Q. 중개수수료는 얼마나 지급해야 하나요?

공인중개사에게 지급하는 중개보수의 상한 요율은 공인중개사법에 정해져 있습니다.

임대인이 공인중개사에게 지급하는 중개보수의 상한 요율은 다음과 같으나(공인중개사법 제32조 제4항, 동법 시행규칙 제20조 제1항, 아래 표 참조), 이는 상한 요율이므로 해당 요율 한도 내에서 공인중개사와 서로 협의하여 적정한 중개보수를 정한 후 지급하면 됩니다(동법 시행규칙 제20조 제1항).

| 거래내용 | 거래금액 | 상한 요율 | 한도액 |
|---|---|---|---|
| 매매·교환 | 5,000만 원 미만 | 1,000분의 6 | 25만 원 |
| | 5,000만 원 이상, 2억 원 이하 | 1,000분의 5 | 80만 원 |
| | 2억 원 이상, 9억 원 이하 | 1,000분의 4 | |
| | 9억 원 이상, 12억 원 미만 | 1,000분의 5 | |
| | 12억 원 이상, 15억 원 이하 | 1,000분의 6 | |
| | 15억 원 이상 | 1,000분의 7 | |
| 임대차 등 | 5,000만 원 미만 | 1,000분의 5 | 20만 원 |
| | 5,000만 원 이상, 2억 원 이하 | 1,000분의 4 | 30만 원 |
| | 2억 원 이상, 9억 원 이하 | 1,000분의 3 | |
| | 9억 원 이상, 12억 원 미만 | 1,000분의 4 | |
| | 12억 원 이상, 15억 원 이하 | 1,000분의 5 | |
| | 15억 원 이상 | 1,000분의 6 | |

표2. 주택 중개보수 상한 요율(출처: 공인중개사법 시행규칙, 2021.10.19.)

위 표에서 '거래금액'은 보증금과 월 차임에 100을 곱한 금액을 합산한 금액을 의미합니다(공인중개사법 시행규칙 제20조 제5항). 예를 들어 보증금이 1억 원이고, 월 차임이 100만 원인 경우 거래금액은 2억 원이 되는 것입니다.

한편, 공인중개사가 중개수수료 외에 부가가치세 지급을 요청할 수 있습니다. 공인중개사가 일반과세자인 경우 부가가치세를 납부해야 할 의무가 있으므로 고객으로부터 부가가치세액을 받아야 합니다. 다만 간이과세자인 경우 부가가치세를 납부할 의무가 없으므로 임차인도 부가가치세를 지급할 필요가 없겠네요.

따라서 공인중개사가 부가가치세를 포함하여 중개수수료의 지급을 요청하는 경우 공인중개사가 일반과세지인지, 간이과세자인지를 살펴볼 필요가 있는데, 이는 사업자등록증을 보면 알 수 있습니다. 보통 중개업소들은 사업자등록증을 게시하고 있으므로 사업자등록증에 '간이과세자'로 기재되어 있는지 어렵지 않게 확인할 수 있습니다.

## Q. 중개업체에서 공제증서를 발급해 주면서 사고 발생 시 최대 1억 원까지 지급받을 수 있다고 하는데, 사실인가요?

개업공인중개사는 업무 개시 전에 법인인 경우 2억 원 이상, 법인이 아닌 경우 1억 원 이상을 보장하는 보증보험에 가입할 의무가 있습니다

(공인중개사법 제30조, 동법 시행령 제24조 제1항). 중개업체에서 제공하는 공제증서로 위와 같이 보증보험에 가입했다는 증거가 되는 서류입니다.

다만, 위 공제증서상 각 금액은 공인중개사가 중개한 각 사건 하나에 대해 보험사가 지급하는 금원이 아니고, 해당 공인중개사의 중개 잘못으로 인하여 발생한 손해배상금 중 보험사가 1년간 지급하는 금액의 총액을 의미합니다. 각 임대차 계약한 건에 대한 보험금 상한이 아닐 뿐만 아니라 공인중개사의 과실 정도를 고려해 감액될 수 있으므로, 실제로 받을 수 있는 손해배상금액은 위 각 금액에 현저히 미치지 못할 가능성이 크다는 점도 알아두세요.

## 2. 대항요건 및 우선변제권 확보

### 가. 주택의 경우

## Q. 전입신고와 확정일자는 반드시 받아야 하나요?

임차인이라면 반드시 임차목적물을 인도받음과 동시에 전입신고를 하고, 확정일자를 받으시라고 말씀드리고 싶습니다. 임차인이 임차목적물을 인도받고 실제 점유하여 사용하더라도 전입신고를 해야 대항력이 생기고(임차목적물 인도와 전입신고를 합하여 대항요건이라고 합니다), 확정일자를 받아야 우선변제권을 취득할 수 있기 때문입니다.

대항력이란 임차목적물의 인도를 거절하고 계속해서 이용할 수 있는 권리를 의미합니다. 임대인이 임차목적물을 제3자에게 매도했는데, 제3자가 '이제 내가 소유자니 임차인 너 나가'라고 한다면 난감하겠죠. 그래서 임차인에게는 너무나도 중요한 것이 바로 대항력입니다.

임대인으로부터 임차목적물을 인도받고 동사무소(요즘에는 '인터넷 등기소'를 통하여 온라인으로도 가능합니다)에서 전입신고(주민등록 주소지 이전)를 마치면 '그 다음 날부터' 대항력이 발생합니다(주택임대차보호법 제3조 제1항). 그리고, 대항력을 확보하기 위해서는 등기부상 주소와 임대차 계약서상의 주소가 동일해야 합니다. 아파트, 연립주택, 다세대주택 같은 공동주택의 경우, 건물 외벽에 표시된 것이 아닌 등기부상 동·호수를 표기해야 합니다. 제대로 표기하지 않은 경우 등기부 기재에 따라 올바르게 정정한 다음 날부터 대항력이 생기고, 당초 제대로 표기하였다고 하더라도 이후 준공검사 등으로 동·호수가 바뀌면 대항력이 없어집니다.

한편, 임차목적물을 제3자에게 인도하거나 제3의 장소로 주민등록을 이전하면 대항력은 상실되니 주의해야 합니다.

그리고, 대항력을 갖추더라도 확정일자를 부여받아야 우선변제권이 생기므로 확정일자를 반드시 받아야 합니다. 다만, 임대차 계약 체결일로부터 30일 이내에 임대차 신고를 해야 하는데, 임대차 신고를 하면서 임대차 계약서를 제출하는 경우 확정일자를 받은 것으로 보기에, 별도로 확정일자를 부여받을 필요가 없습니다(부동산거래신고등에관한법률 제6조의5 제3항).

우선변제권이란 임차목적물에 대하여 경매가 진행될 때, 보증금 상당액을 담보물권과 동일한 순위로 변제받을 수 있는 권리를 의미합니다. 대항요건을 갖춘 후(전입신고를 마친 후) 바로 주민자치센터에서 방문하면 확정일자인을 찍어줍니다. 주민센터에 방문하기 어려운 경우, 대한민국 법원 인터넷등기소에 확정일자 신청하기를 하면 온라인 신청으로 확정일자를 받을 수도 있습니다. 이 경우 '확정일자를 받은 날부터' 우선변제권이 발생합니다(주택임대차보호법 제3조의2제2항).

다만, 확정일자를 먼저 받고 추후 대항력을 갖추는 경우, 대항요건을 갖춘 다음 날에 우선변제권이 발생합니다(대법원 2000. 3. 23. 선고 99다67960 판결).

임차인이 대항력을 취득한 후 바로 확정일자를 받지 않고 있다가, 제3자가 임차목적물을 가압류한 이후 확정일자를 받게 되면, 임차인은 가압류채권자에게 우선변제권을 주장할 수 없습니다. 이때 임차인과 가압류채권자는 각 채권액에 비례하여 배당을 받게 됩니다(대법원 1992. 10. 13. 선고 92다30597 판결). 따라서 전입신고를 하면서 바로 확정일자를 받는 것이 좋습니다.

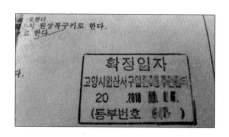

## Q. 반드시 임차인 본인이 전입신고를 해야 대항력이 인정되나요?

아닙니다. 배우자나 자녀 등 가족과 함께 사는 경우, 가족의 주민등록과 거주로도 대항력이 인정됩니다.

판례는 주택 임차인이 그 가족과 함께 주택에 대한 점유를 계속하고 있으면서 가족의 주민등록을 그대로 둔 채 임차인만 주민등록을 일시 다른 곳으로 옮긴 경우라면, 전체적으로나 종국적으로 주민등록의 이탈이라고 볼 수 없는 만큼, 임대차의 제3자에 대한 대항력을 상실하지 아니한다고 판시하였습니다(대법원 1996. 1. 26. 선고 95다30338 판결).

## Q. 전대차를 한 경우 전차인의 주민등록으로도 임차인에게 대항력이 인정되나요?

주택임대차보호법이 정한 대항요건은 임차인이 당해 주택에 거주하면서 이를 직접 점유하는 경우뿐만 아니라 타인의 점유를 매개로 하여 이를 간접 점유하는 경우에도 인정될 수 있습니다.

따라서 임차인이 임차주택을 직접 점유하여 거주하지 않고 그곳에 주민등록을 하지 않더라도, 임대인의 승낙을 받아 적법하게 임차주택을 전대차하고 그 전차인이 주택을 인도받아 자신의 주민등록을 마친 때에는, 당해 주택을 임대차 목적으로 사용한다는 사실이 충분히 공시될 수 있으므로, 임차인은 주택임대차보호법에 정한 대항요건을 적법하게 갖추었다고 보아 전차인의 주민등록이 있으면 임차인에게 대항력이 인정됩니다(대법원 2007. 11. 29. 선고 2005다64255 판결).

## Q. 전출했다가 다시 전입한 경우 대항력이 유지되나요?

전출했다가 재전입한 경우 최초 전입 시부터 대항력이 유지되는 것은 아니고, 재전입 시 새로운 대항력이 발생합니다(대법원 1998. 1. 23. 선고 97다43468 판결).

다만 당초 주민등록이 임차인의 의사에 의하지 않고 임의로 이전된 경우라면 임차인이 이미 취득한 대항력은 유지됩니다(대법원 2000. 9. 29. 선고 2000다37012 판결).

## Q. 임차인이 법인인 경우 우선변제권이 인정되나요?

주택인 경우 원칙적으로 법인에게는 우선변제권이 인정되지 않습니다.
주택임대차보호법은 자연인인 임차인의 주거생활의 안정을 보장하는 것을 목적으로 하기 때문에 법인은 주택임대차보호법의 보호대상이 아닙니다(대법원 1997. 7. 11. 선고 96다7236 판결). 또한 법인이 주택임대차보호법의 보호를 받기 위하여, 사원 명의의 주민등록을 하여 대항력을 갖추어도 이는 법인의 주민등록은 아니기 때문에 원칙적으로 법인의 우선변제권은 인정되지 않습니다(비교 상가건물 임대차보호법의 대항력 요건은 사업자등록신청이기 때문에, 상가건물인 경우 법인도 상가건물 임대차보호법상 대항력 및 우선변제권이 인정되는 것과는 차이가 있습니다).

그러나, 주택임대차보호법은 특별한 요건 하에 법인에게도 대항력과 우선변제권을 인정하는 경우가 있습니다. 즉, (i) 주택도시기금을 재원으로 하여 저소득층 무주택자에게 주거생활 안정을 목적으로 전세임대주택을 지원하는 법인이 주택을 임차한 후 지방자치단체의 장 또는 그 법인이 선정한 입주자가 그 주택을 인도받고 주민등록을 마쳤을 때(주택임대차법 제3조 제②항)와 (ii) 중소기업에 해당하는 법인이 소속 직원의 주거용으로 주택을 임차한 후 그 법인이 선정한 직원이 해당 주택을 인도받고 주민등록을 마쳤을 때(주택임대차법 제3조 제③항)는 법인에게도 주택임대차법 상 대항력 및 우선변제권이 인정됩니다.

## Q. 임대차 계약을 갱신하면서 보증금이 증액되었는데, 갱신된 보증금 전액에 대하여 우선변제권이 인정되나요?

최초 확정일자 기준으로 볼 때, 갱신되기 이전의 임대차 계약상 보증금 한도 내에서만 우선변제권이 인정됩니다.

우리 법원은 주택에 관하여 임대차 계약을 체결한 임차인이 주민등록과 주택의 인도를 마친 때에는 그 다음 날부터 제3자에 대하여 대항력이 생기고, 또한 임대차 계약증서에 확정일자를 갖춘 임차인은 민사집행법에 따른 경매를 할 때에 후순위권리자 등보다 우선하여 보증금을 변제받을 권리를 가지며, 대항력과 우선변제권을 갖춘 임대차 계약이 갱신된 경우에도 종전 보증금의 범위 내에서는 최초 임대차 계약에 의한 대항력과 우선변제권이 그대로 유지된다고 보았습니다(대법원 2012. 7. 12. 선고 2010다42990 판결).

그렇다면 우선변제권 범위에 포함되지 않는 증액된 보증금의 경우 경매 시 임대인의 일반채권자들과 각자의 채권액에 비례하여 배당을 받게 되므로, 낙찰대금이 충분하지 않다면 그중 일부는 반환받지 못할 위험이 있습니다.

따라서, 임대차 계약을 갱신하면서 차임 또는 보증금을 증액하는 경우 등기부를 반드시 확인하여 당초 임대차 계약 체결 시와 비교하여 그 사이에 새로이 저당권 등 담보물권이 설정되지는 않았는지 반드시 확인을 해야 합니다.

또한, 계약이 갱신된 때 부분을 반영하여 증액된 부분에 대한 확정일자를 부여받으시면, 기존 보증금에 대한 우선변제권이 그대로 유지되면서 증액 부분에 대한 우선변제권 효력은 새로 확정일자를 부여받은 날을 기준으로 발생하게 됩니다.


### 나. 상가 임대차의 경우

## Q. 상가 임대차의 대항력과 우선변제권 발생조건은 무엇인가요?

대항력과 우선변제권의 의미는 앞서 설명했지요(53~54 페이지 참조). 단, 상가의 경우 대항력 인정 요건은 주택과 다릅니다. 상가의 경우 주택처럼 주민등록을 하지 않기 때문에, 임차목적물에 입점하고 주민등록 대신 사업자등록을 하여야 대항력이 생깁니다(상가건물 임대차보호법 제3조 제1항).

그리고 상가 임대차의 우선변제권의 발생조건은 대항력과 확정일자를 받는 것입니다. 이때 상가 임대차의 확정일자는 관할 주민자치센터가 아닌 상가건물의 관할 세무서에서 받을 수 있는데, 사업자등록신청과 함께 동시에 받으면 편리합니다.

### 3. 임대차 신고 - 주택 임대차에 한함

## Q. 임대차 계약을 체결하면 이를 신고해야 하나요?

주택 임대차 중 신고 대상 임대차 계약은 계약 체결일(또는 갱신)로부터 30일 이내에 임대인과 공동으로 신고해야 합니다. 신고하지 않으면 100만 원 이하의 과태료가 부과됩니다.

단, 2021. 6. 1.부터 2023. 5. 31.까지 신고의무 계도기간이어서, 동기간 동안 신고 미이행 건을 신고하면 과태료는 부과되지 않습니다.

## Q. 모든 임대차 계약을 신고해야 하나요?

아닙니다. 임대료 변동 없이 기간만 연장되는 묵시적 갱신인 경우 또는 주민등록이 되어 있는 본 거주지가 있고 출장 등 일시적 거주가 명확한 단기 임대차 계약은 신고 대상이 아닙니다.

신고 대상은, (i) 보증금이 6,000만 원을 초과하거나 월 차임이 30만 원을 초과하는 주택 임대차 계약으로서, (ii) 임차목적물의 소재지가 수도권(서울특별시, 경기도, 인천광역시), 광역시, 세종특별자치시, 제주시 및 도의 시 지역에 있고, (iii) 2021년 6월 1일부터 임대차 계약을 체결하거나 갱신(보증금 및 차임의 증감 없이 임대차 기간만 연장되는 계약은 제외합니다)되는 계약으로 정해져 있습니다(부동산거래신고등에관한법률〈법률 제17483호, 2020. 8. 18.〉).

## Q. 어디에 신고를 해야 하나요?

임차목적물의 관할 읍, 면, 동 주민센터를 방문하여 신고할 수도 있고, 임대차 계약서만 스캔하여 준비하면, 국토교통부 부동산거래관리시스템(https://rtms.molit.go.kr/)에서 온라인으로도 간편하게 신고할 수 있습니다.

또한 주택임대사업자가 임대차 계약신고를 이행한 경우에는 별도로 임대차 신고를 할 필요는 없습니다.

## Q. 신고 내용은 어떤 것이 있나요?

계약당사자의 인적사항, 임대차 목적물의 소재지, 임대차 목적물의 현황, 보증금 또는 월 차임, 계약 체결일 및 계약 기간, 임대차 계약을 갱신한 경우 계약갱신요구권 행사 여부 등입니다.

## Q. 반드시 공동으로 신고를 해야 하나요?

원칙적으로 공동으로 신고해야 하지만, 계약 당사자 중 한 명이 당사자가 모두 서명 또는 날인한 임대차 계약서를 제출하는 경우 공동으로 신고한 것으로 보고(동법 시행규칙 제6조의2 제3항), 상대방이 신고를 거부하는 경우 단독신고사유서를 제출하여 단독으로 신고할 수도 있습니다. 또한 대리인을 통한 위임신고도 가능합니다.

## 4. 전세보증금반환보증 가입

## Q. 임대차 계약 종료 후 보증금의 일부라도 받아야 다른 곳으로 이사를 가는데 임대인이 바로 보증금을 지급하지 않는 경우를 어떻게 대비할 수 있을까요?

임대인이 보증금을 반환하지 아니하는 경우, 소송을 통해서 임차목적물을 경매하거나, 임대인의 다른 재산을 환수해가는 등 강제집행절차에 의한 채권추심을 통해 보증금을 반환받게 되는데, 이러한 절차를 진행하려면 상당한 기간(적어도 6개월 이상) 소요되기 때문에 자금 스케줄 관리에 문제가 많겠지요.

따라서 강제집행절차를 진행하는 시간을 줄이기 위해 제소전화해를 미리 받아두는 것을 생각해볼 수 있습니다(첨부 2. 제소전화해 신청서). 이는 보증금 반환이 늦어질 때 발생하는 위험을 회피하기 위한 좋은 방법입니다.

그리고 또 다른 대비책으로, 주택인 경우 HUG(주택도시보증공사), HF(주택금융공사), SGI(서울보증보험)에 전세보증보험을 가입하는 방법을 고려해볼 수 있습니다. 전세보증보험의 조건은 각 기관에 따라 조금씩 차이가 있으나, 임대인이 보증금을 바로 지급하지 아니하는 경우 약정한 보증금액을 위 기관으로부터 바로 지급받을 수 있기 때문에 자금스케줄 관리에 유용합니다. 물론 보험을 가입한 경우에도 보험계약으로 약정된 보증금액만 받는다는 한계가 있지만, 보증금을 전혀 못 받게 될 위험을 줄이는 방안이 될 수 있을 것입니다.

## Q. 전세보증금반환보증이 무엇인가요?

임대차 계약이 종료되었는데도 임대인이 임차보증금을 반환하지 않는 경우, 보증회사가 임차인에게 약정한 임차보증금을 임대인 대신에 지급하는 제도입니다.

HUG(주택도시보증공사), HF(주택금융공사), SGI(서울보증보험)가 상품을 판매하고 있습니다. 물론 보험이니만큼 가입 가능 여부 및 조건을 타진해 보아야 하고, 소정의 보험료를 지급해야 합니다. 임대인의 자력이나 보증금을 제때 반환받지 못할 위험 회피 필요 정도, 보험료 금액 등을 고려하시기 바랍니다.

**4장**

# 임대차 기간 중
# 발생하는
# 문제점들

변호사님. 집 내부가 파손되어서 임대인에게 연락을 했는데요. 제가 사는 동안에 발생한 문제라서 고쳐줄 수 없다고 하네요.

제가 책임져야 하는 건가요?

 김한나 변호사

어떤 것들이 고장났나요?

어떤 수선인지에 따라 책임지는 사람이 다릅니다. 보통 임차인이 임차목적물을 본격적으로 사용하게 되면서 임차목적물이 파손되므로 누가 어느 범위까지 수선해야 하는지가 문제입니다.

# 4장. 임대차 기간 중 발생하는 문제점들

임대차 계약이 체결된 이후에는, 우선, 임차인이 임차목적물을 본격적으로 사용하게 되면서 임차목적물이 파손되는 경우 누가 어느 범위까지 수선을 해야 하는지 등이 문제가 됩니다. 그리고 차임의 지급, 보증금 또는 차임의 증액과 관련하여 분쟁이 발생할 수도 있고, 임대차 기간의 종료가 다가오면서 그 갱신 여부와 관련하여 임대인과 임차인의 이해가 대립될 수 있습니다.

## 1. 임차목적물 수선

## Q. 임차목적물은 누가 수리해야 하나요?

법원은 임차목적물의 수리와 관련하여, 임차인이 별 비용을 들이지 아니하고도 손쉽게 고칠 수 있을 정도의 사소한 것이라면 임차인이 수선하고, 수선하지 않으면 임차인이 제대로 사용·수익할 수 없게 될 정도의 것이라면 임대인이 수선하며, 이는 임대인에게 귀책사유가 있는 훼손의 경우에는 물론 임대인에게 귀책사유가 없는 훼손의 경우에도 마찬

가지라고 판시하고 있습니다(대법원 2010. 4. 29. 선고 2009다96984 판결).

그런데 임차인이 별 비용을 들이지 아니하고도 손쉽게 고칠 수 있을 정도의 사소한 것과, 수선하지 않으면 임차인이 제대로 사용·수익할 수 없게 될 정도의 것이라는 대법원의 기준만으로, 각 개별 상황에서 수리 의무를 다툼 없이 일방에게 부여하기가 쉽지 않습니다. 따라서 다른 판례의 구체적 사실관계, 개별 임대차 계약의 특약사항 등을 잘 살펴봐야 합니다.

## Q. 임차목적물에 누수가 발생한 경우 누가 수리해야 할까요?

누수는 원칙적으로 임대인에게 수리 의무가 있습니다. 누수는 임차인이 별 비용을 들이지 아니하고도 손쉽게 고칠 수 있는 정도의 사소한 것이 아니기 때문입니다.

법원은 임차목적물인 주택에 임차인이 입주한 이후 누수가 발생하여 주택의 벽지가 젖고 주택 내부에 물이 차게 되는 현상이 나타난 경우, 임대인의 수선의무를 인정하고, 임대인이 수선의무를 이행하지 않자, 임차인의 임대차 계약 해지 및 손해배상 청구를 인용하였습니다(인천지방법원 2019. 4. 30. 선고 2018가단248106 판결). 이때 손해배상 범위에 특별한 사정이 없는 한 누수로 인하여 손상된 물품의 수리비 등도 포함됩니다(수원지방법원 2020. 6. 3. 선고 2019나82295 판결).

다만, 위 법원은 임차인이 이 사건으로 인하여 이사를 하게 되면서 부담하게 된 중개수수료, 이사비 등에 대해서는 손해배상을 인정하였으나, 침대 및 매트리스, 매트리스 커버 등이 손상된 부분 및 위자료에 대해서는 임차인 주장과 같은 하자 발생을 인정할 증거가 없다는 이유로 손해배상청구를 인정하지 않았습니다. 이는 재판의 진행 과정에서 임차인이 자신의 손해를 충분히 입증하지 못했기 때문으로 보입니다. 실제 임차인의 손해가 누수로 인한 것이어서 보전비용이 손해배상의 범위에 포함된다고 하더라도 재판에서 이를 인정받기 위해서는 반드시 그 근거를 제시해야 합니다. 따라서 누수 시 사진, 영상 등 증거를 꼭 확보해두셔야 합니다.

## Q. 임차목적물의 배수펌프 고장은 누가 수리해야 할까요?

배수펌프 고장은 원칙적으로 임대인에게 수리 의무가 있습니다. 배수펌프의 고장은 임차인이 별 비용을 들이지 아니하고도 손쉽게 고칠 수 있는 정도의 사소한 것이 아니기 때문입니다.

법원은 상가 임대차와 관련하여, 상가 건물 지하 1층의 화장실 창고에 위치한 배수펌프가 고장남으로써 하수가 흐르지 못한 결과 상가 전체가 약 15cm 가량 물에 잠기는 침수사고가 발생한 사안에서, 배수펌프의 고장은 임차인이 별 비용을 들이지 아니하고도 손쉽게 고칠 수 있을 정도의 사소한 것이라고 보기 어려워 임대인이 수선의무를 부담해야 한다고 판시한 바 있습니다(청주지방법원 충주지원 2019. 11. 13. 선고 2019가단21685 판결).

**Q.** **임차목적물의 현관 도어락이 고장나서 교체해야 하는 경우 교체 비용은 누가 부담해야 할까요?**

현관 도어락 교체는 특약사항으로 따로 정하지 아니하였다면, 임차인이 부담해야 할 것으로 보입니다.

법원은 도어락이 고장나 임대인이 도어락 교체 비용을 부담한 경우, 임대인은 임차인에게 당초 지급받은 임대차 보증금에서 도어락 교체 비용을 공제한 액수를 반환해야 한다고 판시한 바 있습니다(서울지방법원 2021. 5. 14. 선고 2020나68075 판결). 따라서, 법원은 도어락 교체 비용은 임대인이 아닌 임차인이 부담해야 한다고 판단하고 있는 것으로 보입니다.

## Q. 임차목적물의 변기 등이 고장나서 교체해야 하는 경우 교체 비용은 누가 부담해야 할까요?

변기 수리는 특약사항으로 따로 정하지 아니하였고 임차인이 선량한 관리자로서 주의의무를 다하였다면, 임대인이 부담해야 할 것으로 보입니다.

법원은 임대인이 임차인에게 반환해야 할 임대차 보증금에서 변기 뚜껑 및 물통 교체비용 10만 원을 공제해서는 안 된다고 판시하고 있으므로(서울고등법원 2010. 12. 30. 선고 2010나47607 판결), 변기 뚜껑 및 물통 교체비용은 임대인이 부담해야 할 것으로 보입니다.

## Q. 임차목적물의 형광등이 고장난 경우 교체 비용은 누가 부담해야 할까요?

특약사항으로 따로 정하지 아니하였다면, 임차인이 별 비용을 들이지 아니하고도 손쉽게 고칠 수 있을 정도의 사소한 것이라면 임차인이 수선해야 하므로, 형광등 교체 비용은 임차인이 부담해야 할 것입니다.

## Q. 보일러 수리비는 누가 부담해야 할까요?

보일러 수리비는 특약사항으로 따로 정하지 아니하였고 임차인이 선량한 관리자의 주의의무를 다하였다면, 임대인이 부담해야 할 것으로 보입니다.

법원은 임대인이 보일러 수리업자에게 보일러 밸브를 교체하는 비용 7만 5,000원을 지급한 것을 두고 임대인이 임차목적물의 수선의무를 등한히 하였다고 보기 어렵다고 판단하였고(대전지방법원 2020. 6. 18. 선고 2019가단16984 판결), 임차인이 보일러 교체비 58만 원을 지출한 것을 두고 피고에게 필요비 상환청구권[1])이 있다고 볼 수 있다고 판시한 바 있습니다(의정부지방법원 2021. 7. 1. 선고 2020나205678 판결). 이는 결국, 보일러 밸브 교체비용이나 보일러 교체비는 임대인이 부담해야 한다는 취지로 보입니다.

## Q. 에어컨 수리비용은 누가 부담해야 할까요?

에어컨 수리비는 특약사항으로 따로 정하지 아니하였다면, 임차인이 부담해야 합니다.

---

1) 임차인이 임차목적물의 보존에 관하여 비용을 지출한 경우, 임대인에게 그 지급을 청구할 수 있는 권리를 말합니다.

법원은 비교적 소액인 6만 3,000원의 에어컨 수리비용 및 안전점검비는 임차인이 자신의 거주상의 필요를 위하여 투입한 비용에 해당한다고 볼 여지가 있다고 판시하였는 바, 해당 비용은 임차인이 부담해야 합니다.

## Q. 임차인이 입주할 때 지출한 도배비, 장판 교체비는 누가 부담해야 할까요?

도배비, 장판 교체비는 특약사항으로 따로 정하지 아니하였다면, 임차인이 부담해야 합니다.

법원은 도배비용이나 장판 교체비용은 임차인이 자신의 거주상 필요를 위하여 투입한 비용에 해당하여 특별한 사정이 없는 한 임차인이 임차물의 보존을 위하여 지출한 비용으로서 임대인이 반환할 의무가 있는 비용으로 보기는 어렵다고 판시하고 있습니다(서울북부지방법원 2021. 2. 8. 선고 2019나40124 판결). 따라서 임차인이 입주 시 지출한 도배비용, 장판 교체비용은 임대인에게 지급 요청하기 힘들 것이라 생각됩니다.

## Q. 누수 사실을 모르고 있다가 수도요금이 많이 나왔는데 수도요금은 누가 부담해야 하나요?

임대인이 누수 사실을 모르고 있었던 경우, 누수로 추가된 수도요금은 임차인이 부담해야 할 것으로 보입니다.

임차목적물은 임차인이 관리하고 있으므로 임차목적물에 수선을 요하는 하자가 있다는 사실은 임대인이 임의로 확인할 수 없습니다. 화장실에서 물이 누수되고 있다는 사실을 임차인도 뒤늦게 알았고 따라서 임대인에게 통지조차 하지 못하였다면, 임대인은 임차목적물을 수선할 수 없었으므로, 수선의무를 이행하지 않음으로 인한 손해배상책임 즉, 누수로 인한 수도요금에 대해 책임을 지지 않습니다(서울중앙지법 2014. 6. 20. 선고 2014나13609 판결).

## Q. 임대인이 임차목적물을 수선하겠다고 하는 경우 임차인이 거부할 수 있나요?

임대인이 임대물의 보존에 필요한 행위를 하는 때에는 임차인은 이를 거절하지 못합니다(민법 제624조). 따라서 임대인의 필요로 임차목적물을 수선하는 경우 임차인은 이를 용인해야 합니다.

그러나, 임대인의 수선으로 인하여 임차인이 임대차의 목적을 달성할 수 없었다면 수선 기간 임차인은 차임을 지급하지 않아도 될 것입니다(대법원 2015. 2. 26. 선고 2014다65724 판결). 그리고 이로 말미암아 임차인이 임대차의 목적을 달성할 수 없다면 임차인은 임대차 계약을 해지할 수 있습니다(민법 제625조).

한편, 아무리 임대인이라 하더라도 임차인이 임차목적물에 점유하고 있는데 임차인의 허락 없이 들어와서 수선 등을 할 수는 없습니다. 임차인 허락 없이 임대인이 임차목적물로 무단으로 들어온다면 이는 주거침입죄 또는 건조물침입죄에 해당하고, 임대인이 수선 등으로 임차인의 기물을 파손하는 경우 재물손괴죄에 해당할 수 있는 점 또한 알고 계시면 도움이 되실 것 같습니다.


## Q. 임대인이 수선의무를 이행하지 않아서 임차목적물 사용수익에 지장이 생기면 어떻게 하나요?

임대인이 수선의무를 이행하지 아니하였다면, 임차인은 사용수익에 지장이 초래된 한도 내에서 차임 지급을 거절할 수 있고, 수선의무를 이행하지 않아 사용수익을 할 수 없게 되는 경우 임대차 계약을 해지할 수 있습니다.

임대차 계약에서 목적물을 사용·수익하게 할 임대인의 의무와 차임을 지급해야 하는 임차인의 의무는 상호 대응관계에 있습니다. 따라서 우리 판례는 임대인이 목적물을 사용·수익하게 할 의무를 불이행하여 임차인이 목적물을 전혀 사용할 수 없는 경우 임차인은 차임 전부의 지급을 거절할 수 있다고 판시하였습니다(대법원 1997. 4. 25. 선고 96다44778 판결). 이는 임대인이 수선의무를 이행하였으나 목적물의 사용·수익에 지장이 초래된 경우에도 마찬가지입니다(대법원 2015. 2. 26. 선고 2014다65724 판결).

## Q. 임차인의 실수로 수리를 해야 하는 일이 발생한 경우 누가 수리해야 할까요?

임차인의 잘못으로 수리를 해야 하는 경우라도, 임대인의 수선의무는 면제되지 않습니다. 다만 임대인은 수선의무를 이행하고 이에 대한 비용을 최종적으로 임차인에게 청구할 수 있어서, 결국 임차인의 잘못에 대한 책임은 임차인이 부담하게 됩니다.

즉, 임대인은 어떤 사유로 임차목적물이 파손되더라도 임차인이 임차목적물을 용도에 맞도록 사용할 수 있도록 수선해 줄 의무를 부담하지만, 임대인에게 책임 없는 임차인의 실수로 인하여 임차목적물이 파손된 것이라면 임차인의 실수로 부담한 수리비용에 대하여 임차인에게 손해배상을 청구할 수 있습니다. 이에 최종적으로 실수한 임차인이 파손에 대한 수리비용을 책임지게 됩니다.

## Q. 누가 수선의무를 부담할지 당사자 간 특약으로 정할 수 있나요?

당사자 간 특약사항으로 특정 범위의 수선의무를 누가 부담할지 미리 정할 수 있습니다. 대법원은 수선의무의 범위를 사전에 계약에서 명시하고 있는 등의 특별한 사정이 없는 한 그러한 특약에 의하여 임대인이 수선의무를 면하거나 임차인이 그 수선의무를 부담하게 되는 것은 통상 생길 수 있는 파손의 수선 등 소규모의 수선에 한하며, 건물의 주요 구성 부분에 대한 대수선, 기본적 설비 부분의 교체 등과 같은 대규모의 수선은 임대인이 수선의무를 부담한다고 판시하고 있습니다(대법원 2008. 3. 27. 선고 2007다91336 판결).

위 내용을 정리하면, (i) 특약이 없는 경우, 임차인이 별 비용을 들이지 아니하고도 손쉽게 고칠 수 있을 정도의 사소한 것을 제외하고, 수선하지 않으면 임차인이 제대로 사용·수익할 수 없게 될 정도의 것이라면 소규모, 대규모를 가리지 않고 임대인이 수선해야 하며, (ii) 특약이 있다고 하더라도 구체적이지 않고 단지 임대인에게 수선의무가 없다는 정도의 일반적인 내용만 정한 경우라면, 대규모의 수선은 임대인이, 소규모의 수선은 임차인이 각 의무를 부담하며, (iii) 구체적으로 수선의무 범위를 정한 내용의 특약이 있는 경우 정해진 범위에 대해서는 대규모 수선이라고 하더라도 임차인에게 수선의 책임이 있다는 것입니다.

대법원은 임대차 계약을 체결하면서 '건물수리는 입주자가 한다'는 특약을 했으나, 이후 누수 현상이 임차목적물 전반에 걸쳐 나타나고 지속적으로 반복되자 임차인이 임대인에게 수리를 요구한 사안에서, 특약으로는 소규모의 수선에 대한 수선의무는 면할 수 있어도 대규모의 수선의무는 면할 수 없으므로 임대인에게 수선의무가 있다고 판시하였는데, 결국 위와 같은 특약사항은 구체적으로 수선 범위를 정한 것이 아니라고 판단한 것입니다(대법원 2008. 3. 27. 선고 2007다91336 판결).

따라서 임차목적물을 수리 또는 시공을 하게 될 때를 고려하여, 임대차 계약서에 수리 및 시공, 원상회복 등에 관련한 사항을 구체적으로 기재해 두는 것이 좋습니다.

또한 임대차 기간 중에 발생하는 수리 및 시공의 경우에도, 수리 및 시공 전에 임대인과 비용부담 및 원상회복 또는 부속물매수여부에 관한 합의를 하고 수리 및 시공을 하시길 권해드립니다. 합의내용은 서면, 문자 메시지, 녹음 등으로 증거를 남겨두는 것 잊지 마세요.

## 3. 차임(임대료) 연체

## Q. 차임을 연체하면 어떻게 되나요?

차임이 연체되었다면 최대한 빨리 차임을 지급하는 것이 좋습니다. 특히 주택인 경우 적어도 연체액이 2달분 차임액에 달하지 않도록 해야 합니다. 연체액이 2달분 차임액에 달하는 경우, 임차인으로서는 묵시적 갱신도 계약갱신요구도 할 수 없는 불이익을 당하게 되고(주택임대차보호법 제6조 제3항 및 제6조의3 제1항 1호), 계약을 해지당할 수도 있습니다(민법 제640조).

예를 들어 월 차임이 100만 원인데, 1월에는 70만 원을 적게 내고, 2월에는 50만 원을 적게 내고, 3월에 80만 원을 적게 냈다면, 3월에 비로소 차임 연체액이 2달 분의 차임 즉, 200만 원에 달하였으므로, 임대인은 이 때 임대차 계약을 해지할 수 있는 것입니다.

한편, 상가건물 임대차의 경우, 임대인은, 임차인의 차임연체액이 3기의 차임액에 달해야 임대차 계약을 해지할 수 있고(상가건물 임대차보호법 제10조의8), 이 경우 임차인은 계약갱신요구를 할 수 없습니다(상가건물 임대차보호법 제10조 제1항 1호). 다만, 2020. 9. 29.부터 6개월간 연체한 차임액은 이 조항 적용에 있어서 연체액으로 보지 않는 임시특례조항이 있습니다(상가건물 임대차보호법 제10조의9). 따라서 동 기간에 연체된 차임으로 인하여 임대인은 계약을 해지할 수는 없습니다.


## Q. 임차인 또는 임대인이 변경되는 경우, 연체 차임액 계산은 어떻게 하나요?


임대인이 임차목적물의 소유권을 이전받아 임대인이 된 것이라면, 임대인은, 임차인이 새로운 임대인에 대해 2기에 달하는 차임을 연체해

야 임대차 계약을 해지할 수 있습니다(대법원 2008. 10. 9. 선고 2008
다3022 판결).

임차인이 변경된 경우, 임대인이 임차인 변경에 동의하였다면 임대
인은 새로운 임차인의 차임연체액이 2기의 차임액에 달해야 임대차 계
약을 해지할 수 있는 반면, 임대인이 임차인 변경에 동의하지 않았다면
임대인은 이전 임차인의 연체액과 합하여 차임연체액이 2기의 차임액
에 달하면 임대차 계약을 해지할 수 있습니다(이 경우, 임대인은 동의
없는 임차권 양도를 이유로도 해지할 수 있습니다).


## Q. 요즘 힘든데 월 차임을 내지 않고 보증금에서 공제해 달라고 할 수 있을까요?

임차인은 보증금을 이유로 차임 지급을 거부하지 못합니다. 따라서,
임차인은 차임을 보증금에서 공제하는 방식으로 지급할 수는 없습니다.

대법원은 임차인이 임대차 계약을 체결할 당시 임대인에게 지급한
임대차 보증금으로 연체차임 등 임대차관계에서 발생하는 임차인의 모
든 채무가 담보된다 하여 임차인이 그 보증금의 존재를 이유로 차임의
지급을 거절하거나 그 연체에 따른 채무불이행 책임을 면할 수는 없다
고 판시하고 있습니다(대법원 1994. 9. 9. 선고 94다4417 판결).

다만, 임대인이 임의로 연체 차임을 보증금에서 충당하는 것은 가능
합니다.

## Q. 임대인이 보증금이나 차임을 올려달라고 하는데 올려줘야 하나요?

임대인이 임대차 계약을 갱신하면서 차임 또는 보증금을 증액할 것을 요청할 수는 있으나, 임차인은 임대인이 요구하는 금액을 그대로 수용해야 하는 것은 아닙니다.

주택임대차보호법은, 임대인과 임차인 모두 차임 또는 보증금이 임차건물에 관한 조세 기타 부담의 증감이나 경제사정의 변동으로 적절하지 아니하게 된 경우 차임 또는 보증금의 증감을 청구할 수 있으나, 증액 청구는 임대차 계약 또는 증액이 있은 후 1년 이내에는 하지 못한다고 정하고 있습니다(주택임대차보호법 제7조 제1항).

상가건물 임대차보호법 역시, 임대인과 임차인 모두 차임 또는 보증금이 임차건물에 관한 조세 기타 부담의 증감이나 제1급감염병 등에 의한 경제사정의 변동으로 적절하지 아니하게 된 경우 차임 또는 보증금의 증감을 청구할 수 있으나, 증액 청구는 임대차 계약 또는 증액이 있은 후 1년 이내에는 하지 못한다고 정하고 있습니다(상가건물 임대차보호법 제11조 제1항 및 제2항).

차임 또는 보증금증감청구권은 청구 자체로 효력이 발생합니다. 다만, 그 폭에 관하여 법상 상한만이 정해져 있으므로, 결국 보증금 증감 폭에 관하여는 임대인과 임차인 간에 합의를 통해 정할 수 있는 것입니다. 다만 합의가 되지 않는 경우 종국적으로 법원에 소송을 제기하여 판단을 받게 되겠지요. 소송 전 한국부동산원 산하 임대차분쟁조정위원회의 의견을 듣고 조율해 보는 것도 또 하나의 방법이 될 수 있습니다.

## Q. 임대인이 요구할 수 있는 보증금이나 차임의 증액의 범위가 정해져 있나요?

임대인은 계약 시 약정한 차임이나 보증금의 5%를 초과하지 않는 범위에서만 증액을 요구할 수 있습니다.

주택임대차보호법과 상가건물 임대차보호법은, 보증금이나 차임의 증액 청구는 당사자가 약정한 것의 5%를 초과하지 못하도록 상한선을 정하고 있습니다(주택임대차보호법 제7조 제2항, 상가건물 임대차보호법 시행령 제4조). 예를 들어 원래 보증금이 1억 원이었다면, 증액 청구 범위는 500만 원을 넘지 못한다는 것입니다. 다만, 5%를 초과해서는 안된다는 규정은 임대차 계약 존속 중이나 계약갱신청구권을 행사하는 경우에만 적용되고, 임대차 계약 종료 후에 재계약을 하거나 임대차 계약 종료 전이라도 당사자의 합의로 차임 등을 증액한 경우에는 적용되지 않습니다.

법원은 보증금 또는 차임의 증액 청구 범위를 제한하는 규정에 대해 임대차 계약의 존속 중 당사자 중 일방이 상대방에게 보증금이나 차임의 증감을 청구한 경우에 적용되고, (i) 임대차 계약이 종료된 후 재계약을 하거나 (ii) 임대차 계약 종료 전이라도 당사자의 합의로 차임 등이 증액된 경우에는 적용되지 않는다고 판시하고 있습니다(주택: 대법원 2002. 6. 28. 선고 2002다23482 판결, 상가건물: 대법원 2014. 2. 13. 선고 2013다80481 판결).

따라서 증액 청구 범위 제한 규정은, 임대차 계약이 종료된 후 재계약을 하거나 임대차 계약 종료 전이라도 당사자의 합의로 차임 등을 증액한 경우에는, 계약 시 당사자가 약정한 차임 또는 보증금의 5% 이상의 액수로 증액할 수도 있습니다.

## Q. 주택 임대차의 경우 차임 또는 보증금이 증액된 경우에도 임대차 신고를 해야 하나요?

네, 해야 합니다. 임대인과 임차인이 임대차 계약을 체결하면서 임대차를 신고한 경우, 이후 해당 임대차 계약의 보증금, 차임 등 임대차 가격이 변경되는 경우에도 변경이 확정된 날부터 30일 이내에 신고관청에 신고해야 합니다(부동산거래신고등에관한법률 제6조의3 제1항). 만약 미신고 또는 거짓 신고를 하는 경우 100만 원 이하의 과태료가 부과될 수 있습니다.

물론 신고 대상 주택 임대차 계약은, 임대차 보증금이 6,000만 원을 초과하거나 또는 월 차임이 30만 원을 초과하는 임대차 계약에 한하기 때문에 보증금이나 차임이 변동하더라도 동 금액 이하인 경우에는 신고

대상에서 제외됩니다. 또한 이미 신고한 임대차 계약인 경우, 계약 금액의 변동이 없이 갱신되었다면 신고 대상에서 제외됩니다.

신고방법은 계약 당사자인 임대인과 임차인이 임대차 계약 신고서에 공동으로 서명 또는 날인하여 신고하는 것을 원칙으로 하되, 신고의 편의를 위해 임대인 또는 임차인 중 한 명이 당사자가 모두 서명 또는 날인한 계약서를 제출하는 경우 공동으로 신고한 것으로 간주합니다.

## Q. 보증금이 증액된 경우, 다시 확정일자를 부여받아야 하나요?

증액된 보증금에 대한 우선변제권을 인정받기 위해서는 재차 확정일자를 부여받아야 합니다. 물론 보증금을 증액한 후 재차 확정일자를 받지 않더라도, 기존 보증금 범위 내에서 기존 확정일자를 기준으로 우선변제권을 인정받을 수 있습니다.

그리고 확정일자를 새로이 받는다고 하더라도, 이전에 확정일자를 받은 때와 새로이 확정일자를 받은 때 사이에 임차목적물에 제3자가 저당권 등을 설정하였다면 증액된 임차보증금은 저당권 등이 담보하는 채권보다 후순위로 변제받게 됩니다.

## Q. 임차인은 차임 또는 보증금의 감액을 청구할 수 없나요?

임차인도 차임이나 보증금의 감액을 청구할 수 있습니다. 다만 이는 결국 임대인과의 합의를 통해 결정됩니다.

임차인 역시 경제사정의 변동으로 현재의 보증금이나 차임이 적절하 지 않게 된 경우에 임대인에게 보증금이나 차임을 감액할 것을 청구할 수 있습니다(주택임대차보호법 제7조 제1항).

다만, '경제사정의 변동', '적절' 등에 대한 판단이 필요하므로, 결과 적으로는 임대인과 협의를 통해서 정해지게 됩니다. 물론 협의가 잘 되 지 않는 경우 소송을 통해 법원의 판단을 받을 수밖에 없을 것입니다.

## Q. 주택 임대차 계약 체결 시 임대차 계약내용을 신고했는데, 계약을 갱신하는 경우에도 같은 내용의 신고를 또 해야 하나요?

네, 임대인과 공동으로 갱신된 날로부터 30일 이내에 신고해야 합니다.

임대인과 임차인이 임대차 계약을 체결하면서 임대차 계약을 신고한 경우, 이후 해당 계약이 갱신되는 경우에도 갱신된 날로부터 30일 이내에 신고관청에 임대인과 공동으로 신고를 해야 합니다(부동산거래신고등에관한법률 제6조의2, 동법 시행령 제4조의3 제1항). 다만, 계약을 갱신하는 경우로서 보증금 및 차임의 증감 없이 임대차 기간만 연장하는 경우에는 신고 의무가 없습니다.

## Q. 임대차 기간이 얼마 남지 않았는데 연장할 수는 없을까요?

당연히 임대인과의 합의를 통하여 임대차 기간을 연장할 수 있습니다. 다만, 임대인과 합의가 되지 않는다고 하더라도 임대차 계약이 묵시적으로 갱신될 수도 있고, 임차인이 계약갱신요구권을 행사할 수도 있습니다.

## Q. 임대차 계약은 어느 경우에 묵시적으로 갱신되나요?

주택의 경우, 임대인이 임대차 기간이 끝나기 6개월 전부터 2개월 전까지(2020. 12. 10. 이전에 체결된 임대차 계약의 경우, 2개월이 아니고 1개월 전까지 갱신거절 또는 계약조건 변경의 통지를 해야 함)의 기간에 임차인에게 '갱신거절' 또는 '계약조건을 변경하지 않으면 계약을 갱신하지 않겠다'는 통지를 하지 않거나, 임차인이 임대차 기간이 끝나기 전 2개월 전까지(2020. 12. 10. 이전에 체결된 임대차 계약의 경우, 2개월이 아니고 1개월 전까지 갱신거절 또는 계약조건 변경의 통지를 해야 함) 위 각 사항을 통지하지 않는 경우, 임대차 기간 종료 시 다시 동일한 조건으로 임대차 계약이 갱신된 것으로 봅니다(주택임대차보호법 제6조 제1항).

상가건물의 경우에도, 임대인이 임대차 기간이 끝나기 6개월 전부터 1개월 전까지의 기간 내에 임차인에게 '갱신거절' 또는 '계약조건을 변경하지 않으면 계약을 갱신하지 않겠다'는 통지를 하지 않는 경우 임대차 기간 종료 시 다시 동일한 조건으로 임대차 계약이 갱신된 것으로 봅니다(상가건물 임대차보호법 제10조 제4항).

각 법상 정하고 있는 위와 같은 제도를 '묵시적 갱신'이라고 합니다. 따라서 임대인 또는 임차인이 위 기간 내에 '갱신거절' 또는 '계약조건을 변경하지 않으면 계약을 갱신하지 않겠다'는 통지를 하지 않는 경우 임대차 계약은 묵시적으로 갱신되는 것입니다.

다만, 주택 임대차의 경우 2기 차임액(비교 상가 임대차의 경우 3기 차임액)에 달하도록 임차인이 차임을 연체하거나 임차인의 의무를 현저히 위반한 경우에는 묵시적 갱신은 인정되지 않습니다(주택임대차보호법 제6조 제3항, 상가건물 임대차보호법 제10조 제1항).

## Q. 임대차 계약이 묵시적으로 갱신된 경우, 임대차 조건 및 임대차 기간은 어떻게 되나요?

임대차 계약이 묵시적으로 갱신되는 경우, 종전의 임대차와 동일한 조건으로 다시 임대차한 것으로 간주됩니다(주택임대차보호법 제6조 제1항 전단).

이때 주택 임대차의 경우 임대차 기간은 2년이 되고(주택임대차보호법 제4조 제1항 및 제6조 제2항), 상가건물 임대차의 경우 임대차 기간은 주택 임대차와는 달리 1년이 됩니다(상가건물 임대차보호법 제10조 제4항).

다만, '임차인'은 임대차 기간으로 위 기간을 주장할 수도 있고, 언제든지 갱신된 임대차 계약을 해지할 수도 있습니다(주택임대차보호법 제6조의2 제1항, 상가건물 임대차보호법 제10조 제5항). 임차인이 묵시적 갱신 이후 임대차 계약을 해지하겠다는 통지를 하면, 임대인이 그 통지를 받은 날로부터 3개월이 지나면 해지의 효력이 발생합니다(주택임대차보호법 제6조의2 제2항, 상가건물 임대차보호법 제10조 제5항). 이때 임대인은 임차인과 다르게 임대차 계약이 묵시적으로 갱신된 경우라 하더라도 임의적으로 임대차 계약을 해지할 수는 없습니다.

## Q. 법이 정한 묵시적 갱신 통지기간을 특약사항으로 달리 정할 수 있나요?

법이 정한 묵시적 갱신 통지기간을 특약사항으로 달리 정해도 임차인에게 불리한 것이 아닌 경우 변경할 수 있을 것으로 보입니다.

주택임대차보호법상 묵시적 갱신의 기간은 임대차 기간 만료 6개월 전부터 2개월 전까지이고, 상가건물 임대차보호법상은 임대차 기간 만료 6개월 전부터 1개월 전까지입니다. 그런데, 임대차 계약에서 특약사항으로 '임대차 기간 만료 6개월 전부터 3개월까지 사이에, 갱신거절 또는 조건변경의 통지를 하지 않으면 묵시적 갱신이 성립한다'라고 규정할 수도 있습니다.

주택임대차보호법은 임차인의 주거 안정 보호를, 상가건물 임대차보호법은 임차인의 경제생활의 안정 보장을 각 목적으로 하고 있습니다. 그런데 위 임대차 계약에 따라 묵시적 갱신이 성립하는 경우 임차인은 임대차 계약 만료 3개월 전부터 임대차 계약 만료 이후의 주거 안정 또는 경제생활 안정을 보장받게 됩니다. 그렇다면 임차인에게 불리한 것이 아니어서 당사자 간에 특약으로 기한을 변경하더라도 유효할 것이라 생각됩니다.

따라서 법조항과 달리 통지기한의 종기를 앞당긴다고 하더라도 이는 임차인에게 유리한 계약조항으로서 유효한 것으로 취급될 것으로 판단됩니다. 물론, 각 사건의 구체적 사실관계에 따라 법원 판결이 다르게 나올 수는 있습니다.


**Q. 상가 임대차 계약이 묵시적으로 갱신되는 경우에도, 임대차 계약이 유지되는 기간은 10년까지로 제한되나요?**


아닙니다. 묵시적 갱신과 계약갱신요구권 행사는 다른 것이고, 묵시적 갱신의 경우, 상가 임대차 계약 기간 제한이 적용되지 않습니다.

아래에서 살펴보는 바와 같이, 상가임대차법 제10조 제2항 '임차인의 계약갱신요구권은 최초의 임대차 기간을 포함한 전체 임대차 기간이 10년을 초과하지 아니하는 범위에서만 행사할 수 있다'의 의미는 임차인의 계약갱신요구권을 행사하여 임대차 계약이 갱신된 경우에 임대차 기간이 10년으로 제한된다는 의미입니다.

우리 법원은 묵시적 갱신은 임대인의 적극적 조치를 요구하는데 반하여, 계약갱신요구권은 임차인의 주도로 임대차 계약의 갱신을 달성하려는 것으로서 서로 취지와 내용을 달리하는 제도이므로, 계약갱신요구권에 따라 갱신되는 임대차 기간을 제한하는 규정은 묵시적 갱신에 대하여는 적용되지 않는다고 판시한 바 있습니다(대법원 2010. 6. 10. 선고 2009다64307 판결).

따라서 묵시적으로 계약이 갱신되는 경우, 계약갱신요구권에 따라 갱신되는 최장기간 제한을 받지 않아서, 10년 이상 임대차 계약을 유지할 수 있습니다.

## Q. 임대인이 임차목적물 철거 및 명도를 소송으로 구하고 있는데, 이 경우에도 묵시적 갱신이 성립할 수 있나요?

임대인이 임차인을 상대로 임차목적물 철거 및 명도 소송 중이라면, 소송 외 별도로 계약 갱신 거절의 의사표시를 하지 않더라도, 묵시적 갱신이 될 수 없습니다.

대법원은 임대인이 소로서 임대건물의 철거와 대지의 명도를 청구하고 있다면 특별한 사정이 없는 한 그 후부터는 묵시적 갱신을 인정할 수 없다고 판시하였는 바, 임대인의 이러한 소제기 행위에 임대차 계약의 갱신거절의 의사가 포함하는 것으로 보고 있습니다(대법원 1967. 1. 24. 선고 66다2202 판결).

## Q. 계약갱신요구권은 언제 어떻게 행사할 수 있나요?

주택의 경우 임대차 기간 만료 6개월 전부터 2개월(2020. 12. 10. 이후 최초로 체결되거나 갱신된 계약에 대해서는 2개월이지만, 이전의 계약은 1개월)까지의 기간 내에, 상가건물의 경우 임대차 기간 만료 6개월 전부터 1개월까지의 기간 내에 임대인에게 각 계약갱신요구권을 행사하겠다는 명백한 의사를 전달함으로써 행사할 수 있습니다. 임차인이 계약갱신요구권을 행사하면, 임대인이 이를 거절할 정당한 사유가 없는 한 임대차 계약은 갱신됩니다(주택임대차보호법 제6조의3 제1항, 상가건물 임대차보호법 제10조 제1항).

## Q. 계약갱신요구권은 여러 번 행사할 수 있나요?

주택 임대차의 경우 1회에 한하여 계약갱신요구권이 인정되고 갱신된 임대차의 존속기간은 2년이 되지만, 상가건물의 경우 최초 임대차 기간을 포함하여 전체 임대차 기간이 10년을 초과하지 않는 범위에서 인정됩니다(주택임대차보호법 제6조의3 제2항, 상가건물 임대차보호법 제10조 제2항).

다만, 상가 임대차의 경우 2018. 10. 16. 이후 최초로 체결되거나 갱신되는 임대차인 경우에는 계약갱신요구권으로 최대한 연장할 수 있는 기간이 10년이지만, 그 이전에 계약이 체결되어 2018. 10. 16. 이후 계약갱신을 할 수 없는 경우, 계약갱신요구권으로 최대한 연장할 수 있는 기간은 구법에 따라 5년으로 제한됩니다.

한편, 임차인이 차임을 연체하거나 임차인으로서의 의무를 현저히 위반하는 경우 등 임대인이 계약갱신청구권을 거절할 수 있는 사유가 있다면 임차인에게 계약갱신요구권이 인정되지 않기 때문에 유의하셔야 합니다.

또 하나 여기서 주의할 것은, 계약갱신요구권은 매번 행사하여야 갱신이 이루어지기에, 갱신요구권 행사 기간 내 명백하게 문서나 이메일 등으로 통지하는 것을 잊지 말아야 합니다.

**관련 사례**  계약갱신요구권의 최대연장기간 이해

A는 2015. 4. 30.부터 2020. 4. 30.까지, 보증금을 5,000만 원, 차임을 월 330만 원으로 정하여 B에게 상가를 임대했습니다.
임대인 A는 임대차 계약 만료 6개월 전인 2019. 11. 8. 임차인 B에게 이 사건 건물 임대차를 갱신하지 않겠다는 내용증명우편을 보냈고, 그러자 B는 2019. 12. 4. A에게 내용증명우편을 보내 2018. 10. 16.자 개정된 상가임대차법에 따라 자신에게 임대차 계약 갱신 요구권이 있다며 임대차 갱신을 요구하였습니다.

그러자 A는 2018. 10. 16. 이전 법에 의하면 계약갱신을 요구하여 연장할 수 있는 최대 임대차 기간이 5년이기 때문에 B의 요구를 거절하고 "건물을 인도하라"며 소송을 냈습니다.

이에 대하여 우리 법원은 아래와 같은 이유로 계약갱신요구를 할 수 없다고 하였습니다. 「상가건물 임대차보호법」이 2018. 10. 16. 법률 제15791호 (이하 '개정법'이라고 하고, 개정되기 전의 법은 '구법'이라고 한다)로 개정되고 같은 날 시행됨에 따라, 임차인이 계약갱신을 요구하여 연장할 수 있는 최대 임대차 기간이 구법의 5년에서 10년으로 늘어났습니다. 그렇지만 개정법 부칙 제2조는 개정조항을 "이 법 시행 후 최초로 체결되거나 갱신되는 임대차부터 적용한다."라고 규정하였고, '이 법 시행 후 최초로 체결되거나 갱신되는 임대차'란 2018. 10. 16. 이후 계약이 처음 체결되었거나, 개정법 시행 전에 계약이 체결되고 구법에서 인정되던 사유에 따라 2018. 10. 16. 이후 갱신하는 임대차를 가리킨다고 하였습니다.

따라서 B의 경우는 개정법 시행 전 계약이 체결되고 그 후 만료되는 임대차의 전체 기간이 5년이 되어, 구법에서 계약갱신요구로 연장할 수 있는 최대한에 다다랐으므로, 더는 갱신을 요구할 수 없다고 판시하였습니다(대법원 2020. 11. 5. 선고 2020다241017 판결 참조).

## Q. 계약갱신요구권이 인정되지 않는 경우는 언제인가요?

먼저 주택 임대차의 경우 임차인의 계약갱신요구권은 다음과 같은 경우에는 인정되지 않습니다(주택임대차보호법 제6조의3 제1항 단서).

1. 임차인이 2기의 차임액에 해당하는 금액에 이르도록 차임을 연체한 사실이 있는 경우

2. 임차인이 거짓이나 그 밖의 부정한 방법으로 임차한 경우

3. 서로 합의하여 임대인이 임차인에게 상당한 보상을 제공한 경우

4. 임차인이 임대인의 동의 없이 목적 주택의 전부 또는 일부를 전대(轉 貸)한 경우

5. 임차인이 임차한 주택의 전부 또는 일부를 고의나 중대한 과실로 파손한 경우

6. 임차한 주택의 전부 또는 일부가 멸실되어 임대차의 목적을 달성하지 못할 경우

7. 임대인이 다음 각 목의 어느 하나에 해당하는 사유로 목적 주택의 전부 또는 대부분을 철거하거나 재건축하기 위하여 목적 주택의 점유를 회복할 필요가 있는 경우

　가. 임대차 계약 체결 당시 공사시기 및 소요기간 등을 포함한 철거 또는 재건축 계획을 임차인에게 구체적으로 고지하고 그 계획에 따르는 경우(임대인이 이 요건을 근거로 계약갱신요구를 거절하려고 한다면 임대차 계약 체결 당시 철거 또는 재건축 계획을 임차인에게 구체적으로 고지했어야 합니다.)

　나. 건물이 노후·훼손 또는 일부 멸실되는 등 안전사고의 우려가 있는 경우

　다. 다른 법령에 따라 철거 또는 재건축이 이루어지는 경우

8. 임대인(임대인의 직계존속·직계비속을 포함한다)이 목적 주택에 실제 거주하려는 경우

9. 그 밖에 임차인이 임차인으로서의 의무를 현저히 위반하거나 임대차를

계속하기 어려운 중대한 사유가 있는 경우

다만 상가건물의 경우, 주택 임대차의 계약갱신요구권 부정사유와 제1호만 '3기 차임액에 해당하는 연체사실'로 다르고 나머지는 동일합니다(상가건물 임대차보호법 제10조 제1항). 즉, 상가 임대차의 경우 임차인의 계약갱신요구권은 다음과 같은 경우에는 인정되지 않습니다.

1. 임차인이 3기의 차임액에 해당하는 금액에 이르도록 차임을 연체한 사실이 있는 경우
2 내지 9. 주택 임대차와 동일함

**Q. 상가 임대차의 경우, 임차목적물의 소유권자가 변동되면 계약갱신요구권을 통하여 존속할 수 있는 임대차 계약의 총 기간은 변동 시점에서 다시 10년으로 늘어나나요?**

아닙니다. 계약갱신요구권 행사를 통하여 존속할 수 있는 임대차 계약의 기간은 해당 상가건물에 관하여 최초로 체결된 임대차 계약의 기산일부터 10년(2018. 10. 16. 이전 체결된 임대차 계약의 경우에는 5년) 동안입니다(대법원 2006. 3. 23. 선고 2005다74320 판결).

따라서 임차목적물의 소유권자가 변동되어 임대인이 변경된 경우에도 해당 상가건물에 관하여 '최초'로 체결된 임대차 계약의 기산일부터 법이 정한 기간 동안만 임대차 계약이 갱신되는 것입니다.

**Q. 주택 임대차 계약갱신요구권을 행사했는데, 임대인이 자신이 임차목적물에서 산다고 하면서 아무런 객관적인 증빙자료 없이 갱신을 거절하고 있어요. 임대인이 객관적으로 입증을 못하면 계약갱신을 거절할 수 없는 것 아닌가요?**

임대인은 임차목적물에서 자신이 살 것이라는 것에 대하여 객관적 증빙자료를 제시하기 어렵기 때문에, 주관적 의사만으로도 계약갱신은 거절될 수 있습니다.

법원은 갱신거절 사유 중 임대인이 임차목적물에 거주한다는 사유는 다른 갱신거절 사유와는 달리 그 사유 자체가 아직 발생하지 않은 장래의 사태에 관한 임대인의 주관적 의도를 내용으로 한다고 하였습니다. 임차인의 입장에서 이를 확인하기 어려운 사정이 있지만 임대인의 입장에서도 실거주 목적의 존재를 객관적으로 입증한다는 것이 쉽지 않은 특성이 있어 다른 갱신요구 거절 사유와 동일한 정도의 입증이 요구된다고 보기 어렵다고 하였습니다. 따라서 실거주 목적을 의심할

만한 합리적인 사유가 존재한다는 등의 사정이 없는 한 임대인은 실거주 예정임을 소명할 수 있는 객관적 자료를 제시하지 않고도 갱신요구를 거절할 수 있다고 판시한 바 있습니다(서울중앙지방법원 2021가단 5013199 판결).

**Q. 주택 임차인이 계약갱신요구권을 행사했는데, 임대인의 아들이 임차목적물에서 산다고 하면서 갱신을 거절하고 있어요. 아들 때문에 나가야 하나요?**

임대인의 실거주의 범위에는, 임대인뿐만 아니라 임대인의 직계존속(부모님) 및 직계비속(아들, 딸, 손자, 손녀)이 임차목적물에서 사는 것을 포함하고 있습니다. 따라서 아들이 실거주한다는 이유는 정당한 갱신요구 거절사유입니다. 아들이 실거주한다고 하더라도 임차목적물을 갱신요구는 거절되고 임차목적물을 인도해야 합니다.

다만, 임대인 또는 직계 존비속이 실거주하지 아니하는 경우 손해를 배상받을 수 있으니 임대인이 실거주를 하는지 확인해 보시기 바랍니다.

임대인이 실거주를 이유로 계약갱신 요구를 거절한 후, 실제로는 임차목적물에서 살지 않고 제3자에게 임대를 하거나 임차목적물을 매도하는 경우, 임차인은 임대인을 상대로 손해배상청구를 할 수 있습니다.

주택임대차보호법은 임대인이 임대인 또는 그 직계존비속이 실제 거주한다는 이유로 갱신을 거절한 후, 갱신요구가 거절되지 아니하였다면 갱신되었을 기간이 만료되기 전에 정당한 사유 없이 제3자에게 주택을 임대한 경우, 임대인은 갱신거절로 인하여 임차인이 입은 손해를 배상해야 한다고 규정합니다(주택임대차보호법 제6조의3 5항).

주택임대차보호법은 임대인이 실거주하겠다며 임차인의 계약갱신 요구를 거절한 후 새로운 임차인을 들인 경우 손해배상 책임을 정하고 있으나, 실거주하지 아니하고 임차목적물을 바로 매도한 경우에는 별다른 배상 조항이 없습니다. 그러나 판례는 이러한 경우에도 손해배상 책임이 인정하여. 주택임대차보호법이 '임대인은 임차인이 계약갱신을 요구할 경우 정당한 사유 없이 거절하지 못한다'고 정한 이상, 법이 정하지 않은 사유로 세입자의 계약갱신을 거부한 행위는 민법상 불법행위로 볼 수 있다고 하며, 의도적으로 실거주를 이유로 계약갱신을 거절한 후 임차목적물을 매도한 임대인에게 손해배상책임을 지웠습니다.

**Q. 임대인이 직계 존·비속의 실거주를 이유로 계약갱신요구권의 행사를 거절하였으나 실거주하지 아니한 경우, 임대인이 지급해야 하는 손해배상액은 얼마인가요?**

손해배상액은 계약갱신 거절 당시 당사자 간에 손해배상액의 예정에 관한 합의가 있었다면 합의 내용을 따르고, 그렇지 않다면 (i) 갱신거절 당시 월 차임의 3개월 분(차임 외 보증금이 있는 경우 주택임대차보호법에 따라 월 단위 차임으로 전환한 금액을 포함), (ii) 제3자에게 임대한 후 얻는 월 차임과 갱신거절 당시 임차인으로부터 얻은 월 차임의 차액의 2년분에 해당하는 금액, (iii) 갱신거절로 실제 임차인이 입은 손해액, 중 큰 금액으로 정하도록 하였습니다(주택임대차보호법 제6조의3 제6항).

손해배상액은 각 사안마다 달라지고, 입증여부에 따라 그 금액이 달라질 수 있답니다.

**Q. 임대차 기간 종료 전 계약갱신요구권을 행사하려고 하니, 계약갱신요구권을 거절할 정당한 이유가 없는 임대인이 임차목적물을 매도하였어요. 이후 새로운 임대인은 실거주를 이유로 계약갱신을 거절하는 경우, 계약갱신이 거절되는 것인가요?**

임대인이 계약갱신을 거절할 수 있는 기간 내(임대차 기간이 끝나기 6개월 전부터 2개월 전)에 실거주가 필요한 새로운 임대인이 실거주를 이유로 계약갱신을 거절하는 통지를 하였다면 계약은 거절됩니다.

과거 하급심 판례는, 임대인 A가 임차인 B와 체결한 임대차 계약의 기간이 만료하기 전에 C에게 임대차목적물을 매매한 다음, B가 임대차 계약의 갱신을 요구한 후 C가 자신이 실제 거주할 것이라는 이유로 계약갱신요구를 거절한 사안에서, 주택임대차보호법 제6조의3에서 정한 계약갱신요구권은 임차인이 계약갱신의 의사를 표시함으로써 바로 그 효과가 발생하는 형성권으로서, 실제 거주를 이유로 한 갱신거절 가능 여부는 임차인이 계약갱신을 요구할 당시의 임대인을 기준으로 봄이 타당하므로, 위 임대차 계약은 B의 계약갱신요구권 행사로 인하여 갱신되었고, 그 후에 임차목적물을 양수한 C는 자신이 실제 거주할 것이라는 이유로 계약갱신을 거절할 수 없다고 판시하였습니다(수원지방법원 2020가단569230).

그러나, 대법원은 위 하급심과 다르게, 주택임대차법 제6조, 제6조의3 등 관련 규정의 내용과 체계, 입법취지 등을 종합하여 보면, 임차인이 주택임대차법 제6조의3 제1항 본문에 따라 계약갱신을 요구하였더라도, 임대인으로서는 특별한 사정이 없는 한 법이 정한(6개월 전부터 2개월 전까지) 기간 내라면 제6조의3 제1항 단서 제8호에 따라 임대인이 목적 주택에 실제 거주하려고 한다는 사유를 들어 임차인의 계약갱신 요구를 거절할 수 있고, 임대인의 지위를 승계한 임차주택의 양수인(새 임대인)도 그 주택에 실제 거주하려는 경우 위 갱신거절 기간 내에 위 제8호에 따른 갱신거절 사유를 주장할 수 있다고 보아야 한다고 하면서, '주택임대차법 제6조의3 제1항 단서 제8호가 정한 '임대인'을 임차인이 갱신을 요구할 당시의 임대인만으로 제한하여 해석하기 어렵고, 구 임대인이 갱신거절 기간 내에 실거주 여부를 자유롭게 결정할 수 있다면 그 기간 내에 실거주가 필요한 새로운 임대인에게 매각할 수도 있다고 보아야 할 것인 점 등을 고려하면, 위 기간 내에 임대인의 지위를 승계한 양수인이 목적 주택에 실제 거주하려는 경우에는 위 제8호 사유를 주장할 수 있다고 할 것이다.'라고 판시하였습니다(대법원 2022. 12. 1. 선고 2021다266631 판결).

대법원은 '주택임대차법의 취지는 임차인의 주거생활 안정을 위하여 임차인에게 계약갱신요구권을 보장하는 동시에 임대인의 재산권을 보호하고 재산권에 대한 과도한 제한을 방지하기 위하여 임대인에게 정당한 사유가 있는 경우 계약갱신을 거절할 수 있도록 함으로써 임차인과 임대인의 이익 사이에 적절한 조화를 도모하고자 함에 있다'고 그 판결의 취지도 밝혔습니다.

계약갱신요구권을 행사하여 갱신되는 임대차 계약의 조건은 전 임대차와 동일합니다(주택임대차보호법 제6조의3 제3항, 상가건물 임대차보호법 제10조 제3항). 임대차 기간은 주택의 경우 2년이 되고, 상가건물의 경우 1년이 됩니다(주택임대차보호법 제6조의3 제2항, 상가건물임대차보호법 제10조 제3항).

이때, '임차인'은 임대차 기간으로 위 기간을 주장할 수도 있고, 언제든 갱신된 임대차 계약을 해지할 수도 있습니다(주택임대차보호법 제6조의2 제1항, 상가건물 임대차보호법 제10조 제5항). 이 경우 임대인이 통지를 받은 날로부터 3개월이 지나면 해지의 효력이 발생합니다(주택임대차보호법 제6조의2 제2항, 상가건물 임대차보호법 제10조 제5항).

한편, 갱신되는 임대차가 동일한 조건으로 다시 계약된 것이라고 하더라도, 차임과 보증금은 증감을 청구할 수 있습니다. 이때 갱신된 임대차는 새로운 계약이 아니고 기존의 계약이 갱신된 것에 불과하므로 '임대차 계약 또는 증액 후 1년이 지난 후에 이전 보증금 또는 차임의 5% 범위 내'라는 제한 하에서만 가능합니다(주택임대차보호법 제6조의3 제3항, 상가건물 임대차보호법 제10조 제3항).

## Q. 이전 임대차 계약의 계약 기간이 1년 또는 3년인 경우, 계약갱신요구권 행사로 갱신된 임대차 계약의 계약 기간은 몇 년인가요?

계약갱신요구권 행사로 갱신된 계약 기간은 주택의 경우 2년이고, 상가건물의 경우 기존 계약상 기간입니다.

주택임대차보호법은 계약갱신요구권에 따라 갱신된 임대차 계약의 경우 그 임대차 기간을 2년이라고 정하고 있습니다(주택임대차보호법 제6조의3 제2항). 다만, 상가건물 임대차보호법은 계약갱신요구권에 따라 갱신된 임대차 계약은 전 임대차와 동일한 조건으로 다시 계약된 것으로 보고 있으므로(상가건물 임대차보호법 제10조 제3항) 그 임대차 기간은 기존 계약상 임대차 기간과 동일한 것으로 보아야 합니다.


## Q. 임대인이 계약갱신을 거절하여 묵시적 갱신이 성립하지 않은 경우에도, 임차인이 계약갱신요구권을 행사할 수 있나요?

묵시적 갱신과 계약갱신요구권은 다른 것이기 때문에 묵시적 갱신이 되지 않더라도 계약갱신요구권을 행사할 수 있습니다.

상가와 관련하여, 대법원은 묵시적 갱신과 계약갱신요구권은 취지와 내용을 서로 달리하는 것이므로, 임대인이 갱신거절 통지를 할 당시 임차인의 계약갱신요구권 행사를 임대인이 정당하게 거절할 수 있는 사유가 없다면 갱신거절통지를 임차인의 계약갱신요구권 행사 전에 하든 후에 하든 관계없이 임차인은 계약갱신요구권을 행사할 수 있다고 판시한 바 있습니다(대법원 2014. 4. 30. 선고 2013다35115 판결).

## Q. 계약갱신요구권을 행사하지 않겠다는 약정을 할 수 있나요?

계약갱신요구권 배제 약정은 무효인 약정입니다.

임대인이 임차인과 이러한 약정을 한다고 하더라도 이는 임차인에게 불리한 것으로서 무효의 약정이므로 효력이 없습니다. 주택임대차보호법 및 상가임대차보호법은 '이 법에 위반된 약정으로서 임차인에게 불리한 것은 무효'라고 규정하고 있기 때문입니다(주택임대차보호법 제10조, 상가건물 임대차보호법 제15조).

## Q. 임대차 계약 종료 전 임대인과 임차인이 단기간만 추가적으로 임차하기로 합의하는 것이 가능할까요?

당사자 간 합의가 있었다면 단기 임대차로 가능합니다.

이는, 임차인이 계약갱신요구권 또는 묵시적 계약갱신 등 행사와 다르게 임대인과 임차인이 별도의 임대차 계약을 체결한 것으로 볼 수 있습니다. 임대차 계약은 임차인의 주거생활 안정을 목적으로 하는 것이므로 그 행사는 임차인이 스스로의 판단에 따라 결정하는 것이고, 임차인에게 부당하게 불리하지 않는 경우 그 외 당사자 간 합의에 따라 얼마든지 새로운 계약을 체결할 수 있는 것이므로 추가적으로 단기간의 계약을 체결하는 것도 가능합니다.

다만, 새로운 임대차 계약의 내용에 따라 임대차 신고를 해야 할 수도 있습니다.

## Q. 계약갱신요구권을 행사한 것에 대해 증빙을 남겨놓아야 할까요?

계약갱신요구권은 임차인에게 매우 중요한 권리이고, 효력이 매우 강력한 것임으로, 계약갱신요구권 행사 시 문서, 문자와 녹음 등으로 명백하게 의사표시를 임대인에게 전달하고 증빙을 남기는 것이 추후 분쟁을 방지하기 위해서 좋습니다.

추가적으로 계약갱신요구를 하여 임대차 계약이 갱신되는 경우 임대차 신고를 해야 하고, 이 경우에도 계약갱신요구의 증빙을 제출해야 한답니다.

**Q. 임대인과 합의하여 임대차 종료일에 퇴거하기로 하는 제소전화해를 하였는데, 계약 갱신요구권을 행사한다면, 제소전화해에도 불구하고 퇴거하지 않아도 되나요?**

비록 계약갱신요구권이 법이 정한 권리라 하더라도, 제소전화해로 퇴거를 하기로 하였다면 임차인은 퇴거해야 할 것으로 판단됩니다.

우리 법원은 화해조서는 확정판결과 동일한 효력이 있으므로 그 내용이 강행법규에 위배된 경우라고 하더라도 재심 절차에 의하여 구제를 받는 것은 별문제로 하고 그 화해조서를 무효라고 주장할 수 없다고 판시하고 있습니다(대법원 1987. 10. 13. 선고 86다카2275 판결 각 참조).

계약갱신요구권은 법에 규정된 것이고, 법은 '이 법에 위반된 약정으로서 임차인에게 불리한 것은 무효'라고 정하고 있습니다(주택임대차보호법 제10조, 상가건물 임대차보호법 제15조). 따라서 원칙적으로 계약갱신요구권은 당사자 간 합의로 그 적용을 배제할 수 없는데, 이러한 규정을 강행법규라고 합니다. '임대차 종료일에 퇴거하기'로 하는 내용의 합의는 계약갱신요구권을 행사하지 않기로 하는 내용의 합의이므로, 계약갱신요구권을 인정하고 있는 강행법규에 반하는 합의입니다. 그런데 우리 법원은 강행법규에 위배되는 내용의 화해조서의 효력에 대해 무효라고 주장할 수 없다고 판시한 것입니다.

따라서 상기 판례에 따르면, 임차인이 계약갱신요구권을 행사하는 경우에도 당초 임대차 종료일을 기준으로 임차인이 임차목적물을 명도하도록 한 제소전화해의 효력이 인정되고, 임대인은 그 내용대로 임차인을 상대로 강제집행을 할 수 있을 것으로 생각됩니다.

다만, 이에 대해 명시적인 판례가 확립된 것이 아니므로, 추후 법원의 동향을 지켜봐야 할 것입니다.

## 6. 임대인의 변경

## Q. 임차목적물의 소유자가 변경된 경우 임대차 계약서를 다시 써야 하나요?

새로운 임대인과 임대차 계약서를 다시 작성할 필요는 없습니다. 임차주택의 양수인 및 기타 임대할 권리를 승계한 자는 임대인의 지위를 승계한 것으로 보기 때문입니다(주택임대차보호법 제3조 제4항).

그러나 일반적으로 임대인이 변경되면 임대차 계약서를 다시 작성하시길 권해드립니다. 임대차 계약의 상대방이 된 새로운 임대인이 어떤 사람인지 확인해두는 것이 좋겠지요.

## Q. 새로운 임대인의 보증금 반환능력을 알 수 없는데 임차목적물의 소유자가 변경된 경우, 임차인이 임대차를 해지할 수 있나요?

임대인이 변경된 경우, 임차인이 이를 동의할 수 없다면, 임차인은 이의를 제기하여 임대차 관계를 종료시킬 수 있습니다. 다만, 이 경우 이전 임대인에게 보증금 반환을 청구해야 할 수도 있습니다.

대법원은 임차인의 보호를 위한 주택임대차보호법의 입법 취지에 비추어 임차인이 임대인의 지위승계를 원하지 않는 경우에는 임차인이 임차주택의 양도사실을 안 때로부터 상당한 기간 내에 이의를 제기함으로써 승계되는 임대차관계의 구속으로부터 벗어날 수 있다고 봄이 상당하고, 그와 같은 경우에는 양도인의 임차인에 대한 보증금 반환채무는 소멸하지 않는다고 판시하고 있습니다(대법원 2002. 9. 4. 선고 2001다 64615 판결).

## Q. 임차목적물의 소유자가 변경되었으나 임차인이 임대차 계약을 해지하지 않은 경우, 누구로부터 임차보증금을 받아야 하나요?

임차목적물의 소유자는 임대인의 지위를 승계한 것으로 보기 때문에, 이 경우 임차인은 새로운 임대인인 소유자에게 임차보증금의 반환을 청구해야 합니다.

## Q. 임차목적물의 소유자가 변경된 경우, 월 차임 및 연체된 차임은 누구에게 지급해야 하나요?

임차목적물이 매도, 상속, 증여 등 사유로 소유자가 변경된 경우, 새로운 소유자에게 임대인 지위가 승계된 것으로 보아야 하므로, 월 차임은 임차목적물의 새로운 소유자에게 지급해야 합니다.

그러나 임차인이 이전 소유자에게 지급을 연체한 연체차임의 경우 이전 소유자의 채권이므로 이전 소유자와 새로운 소유자 간에 특별한 합의가 없다면 이전 소유자에게 지급해야 합니다. 다만, 이전 소유자와 새로운 소유자 간에 이전 소유자가 새로운 소유자에게 연체차임 채권을 양도하고 이러한 뜻을 임차인에게 통지한 경우, 임차인은 새로운 소유자에게 이를 지급해야 합니다.

## Q. 전대차를 하고 싶은데 어떻게 해야 하나요?

전대차를 하고자 한다면 임대인의 허락을 받아야 합니다.

임대인이 임차인에게 전대차계약을 허락해 줄 의무는 없습니다. 오히려 일반적으로 사용되는 임대차 계약서에는 전대를 금지한다는 내용이 기재되어 있고, 무단 전대차의 경우 임대차 계약의 해지 사유가 될 수 있습니다. 따라서 전대차계약은 신중해야 하고, 임대인의 동의를 받아야 합니다.

## Q. 임대인이 전대차를 동의해주면
## 어떤 권리·의무가 생기나요?

먼저 임대인과 전대인인 임차인의 관계를 보면, 임대인이 전대차계약을 동의하더라도 임대인의 임차인에 대한 권리행사에 영향을 미치지 않습니다. 따라서 임대인은 임차인에게 기존과 동일하게 차임청구, 차임증감청구, 목적물반환청구 등 권리를 행사할 수 있습니다(민법 제630조제2항).

다음으로 임대인이 전대를 동의한다는 것은, 임대인과 전차인 사이에도 계약관계가 성립하는 것이기 때문에, 전차인과의 관계 변화를 주의 깊게 살펴봐야 합니다.

첫째로, 전차인은 직접 임대인에 대하여 의무를 부담하게 되고, 이 경우 전차인은 전대인(임차인)에 대한 차임의 지급으로써 임대인에게 대항하지 못하게 됩니다(민법 제630조제1항).

둘째로, 임대인과 전대인(임차인)의 합의로 계약을 종료한 때에도 전차인의 권리는 소멸하지 않습니다(민법 제631조). 따라서 임대인과 임차인 사이의 임대차 계약이 종료되더라도, 동의를 받은 전대인은 전대차계약에 따른 전대 기간 동안 전대 목적물을 사용수익할 수 있고, 임대인에게 임대차 계약갱신요구권 또는 부속물매수청구권 등을 행사할 수 있습니다.

특히 상가인 경우, 전차인은 임차인의 계약갱신요구권 행사기간 이내에 임차인을 대위(대신)하여 임대인에게 계약갱신요구권을 행사할 수 있습니다(상가임대차법 제13조 제2항).

## Q. 임대인의 허락을 받지 않고 전대를 하면, 어떤 불리한 일이 있을까요?

무단 전대차를 한 경우, 임대인은 임차인을 상대로 임대차 계약을 해지할 수 있고, 전차인에 대해서는 임차목적물의 반환을 청구할 수 있습니다.

임대인은 임차인이 무단으로 전대를 한 경우 임대차 계약을 해지할 수 있습니다(민법 제629조 제2항). 다만, 임차인의 전대가 임대인에게 배신적 행위라고 할 수 없는 특별한 사정이 있는 경우에는 전대 자체만을 이유로 해지할 수는 없습니다. 판례는 임대인이 전대를 인정하는 전제하에 전차인에 대한 차임 채권을 제3자에게 양도하였다면, 임대인이 전대차를 인정한 것으로 배신적 행위라 볼 수 없어서 전대를 이유로 임대차 계약을 해지할 수 없다고 판시하였습니다(대법원 2010. 6. 10. 선고 2009다101275 판결).

그리고, 소유자인 임대인은 전차인에게 소유권에 기하여 임차목적물을 반환할 것을 청구할 수 있습니다.


## 8. 기타

## Q. 임대차 계약 만료 전 임대차 계약을 종료시키는 경우 중개수수료를 누가 부담하나요?

중개수수료 부담은 임대인과 임차인의 합의에 따를 것이나, 일반적으로 임차인의 요청으로 임대차 계약 기간 만료 전 계약을 종료시키는 경우 임차인이 부담하게 됩니다.

임대차 계약 만료 전 임대차 계약을 종료시키는 것은 양 당사자의 합의에 의해서만 가능합니다. 따라서, 임대인이 임대차 계약 종료에 합의해 주지 않으면 임대차 계약 자체를 종료시킬 수 없으므로, 임대인이 임대차 계약 종료에 합의해 주는 것을 조건으로 임차인이 중개수수료를 부담하는 경우가 많습니다. 다만, 이는 어디까지나 법의 영역은 아니고, 당사자 간 합의에 따른 것이고, 임대차 종료에 원인이 누구에게 있는지에 따라 중개수수료 부담 주체로 달라질 것입니다.

## Q. 상가 임대차의 경우, 코로나 등 경제사정이 어려워졌다는 이유로 임대차 계약을 해지할 수 있나요?

일정한 요건 하에 해지할 수 있습니다.

상가건물 임대차보호법은, 임차인이 감염병의 예방 및 관리에 관한 법률상 감염 예방 조치를 총 3개월 이상 받음으로써 발생한 경제사정의 중대한 변동으로 폐업한 경우, 임차인이 임대차 계약을 해지할 수 있다고 정하고 있습니다(상가건물 임대차보호법 제11조의2, 제1항, 이 규정은 코로나19와 같은 재난상황을 염두에 둔 규정입니다). 그리고, 이 경우 임대인이 계약해지의 통고를 받은 날부터 3개월이 지나면 계약해지 효력이 발생합니다(상가건물 임대차보호법 제11조의2, 제2항).

# 5장

## 임대차 계약
## 종료 시
## 꼼꼼하게 챙길 것들

김한나 변호사

임대차 계약이 종료되면, 임대인에게 임차보증금을
받는 동시에 임차목적물을 인도해야 합니다.
다만, 임차목적물이 제대로 원상회복을 했는지
확인하고, 그렇지 않은 경우 원상회복해야 합니다.

원상회복을 제대로 이행하지 않으면 원상회복에
필요한 금원 상당액을 임차보증금에서 공제한
후 나머지를 반환받게 됩니다.

# 5장. 임대차 계약 종료 시 꼼꼼하게 챙길 것들

임대차 계약이 종료되면, 원상회복을 한 후 임차목적물을 인도함과 동시에 임차보증금을 반환받아야 합니다. 상가건물 임대차의 경우, 권리금을 회수하는 것도 중요합니다.

## 1. 보증금 반환

## Q. 보증금은 언제 반환받을 수 있나요?

임대차 기간이 종료되면, 임대인에게 임차목적물을 반환함과 동시에 보증금을 반환받을 수 있습니다. 이를 동시이행이라고 합니다.

이때 임차인은 임차보증금에서 임차목적물을 반환받을 때까지 생긴 임차인의 모든 채무를 공제한 나머지 금액을 반환받을 수 있는 것입니다(대법원 2002. 12. 10. 선고 2002다52657 판결).

임차인의 임차목적물 인도의무와 임대인의 임차보증금 반환의무 양
의무 상호 간에는 동시이행의 관계가 있습니다(대법원 1977. 9. 28. 선
고 77다1241,1242 판결). 즉, 어느 한 의무를 먼저 이행하여야 하는 것
은 아니고, 동시에 이행하여야 합니다.

다만, 임차인이 이미 임차목적물에서 퇴거했으면서도 열쇠로 임차목
적물을 시정해 놓는 경우가 종종 있는데, 이 경우 임차인이 임차목적물
을 온전히 인도했다고 볼 수 없습니다. 그렇다면 임차인은 실제 임차목
적물을 사용하지 아니하더라도 임차보증금을 반환받을 수 없고, 임차목
적물 인도적 차임 상당의 부당이득금을 임대인에게 지급해야 하는 불상
사가 발생할 수 있다는 점 유의하세요.

임대인은 보증금에서 임차인의 연체 차임 상당액을 공제한 나머지를
반환할 수 있습니다.

임대인에게는, 임차보증금에서 임차목적물을 반환받을 때까지 생긴

임차인의 모든 채무(연체차임, 원상복구비용 상당의 손해배상액, 멸실·훼손 등으로 인한 손해배상채무 등)를 공제한 나머지 금액을 반환할 의무가 있습니다(대법원 2002. 12. 10. 선고 2002다52657 판결). 따라서 임차목적물을 반환받을 때까지 임차인이 임대인에게 채무를 부담한다면 임대인은 보증금에서 그 채무액 전부를 공제한 나머지를 반환하면 됩니다.

물론 원상복구 비용, 관리비, 연체 차임 등 기타 구체적 공제금액에 대하여 임대인과 임차인 사이에 다툼이 있을 수 있습니다. 이러한 다툼을 사전에 방지하기 위하여 계약서에 특약을 잘 기재하는 것이 필요합니다. 다만, 사후적으로 발생한 분쟁인 경우 조정이나 소송을 통해 금액이 확정될 수 있습니다.


## Q. 보증금을 지급받지 못했는데, 이사를 가도 되나요?


이사를 가면 우선변제권을 상실하므로, 보증금을 지급받지 못하였다면 임차권등기를 마친 후 이사를 가야 합니다.

보증금을 지급받지 못했다면 임차목적물 외 임대인의 자력이 없을 가능성이 크므로, 결국 경매를 통하여 보증금을 반환받아야 합니다. 이 경우 임차인이 주민등록(상가인 경우, 사업자등록)을 하고 확정일자를 받은 상태라면 임차인에게 우선변제권이 인정되므로, 임차목적물의 경매를 통하여 충분히 보증금을 반환받을 수 있을 것입니다.

한편, 우선변제권의 요건은 임차목적물을 넘겨받은 후 주민등록(상가의 경우, 사업자등록 신청)을 하고 확정일자를 받는 것인데, 이사를 가게 되면 주민등록(상가의 경우, 사업자등록)이라는 요건이 상실되어 결과적으로 우선변제권을 상실하게 됩니다. 이런 경우를 대비하여 우리 법은, (i) 법원에 임차권등기명령을 신청하는 방법과, (ii) 임대인의 협력을 받아 임대차등기를 하는 방법을 정하고 있습니다. 각 방법을 통하여 임차권 등기를 마치면 임차인에게 대항력과 우선변제권이 인정됩니다(주택임대차보호법 제3조의3 제1항 및 제5항, 제3조의4 제1항, 상가건물 임대차보호법 제6조 제1항 및 제5항, 제7조 제1항).

따라서, 임차권등기를 마친 경우에는 이사를 가도 우선변제권을 상실하지 않으므로, 이사를 가고자 한다면 임차권등기를 마친 후에 가야 합니다. 임차권등기명령을 신청하는 것은 어렵지 않으니 첨부한 신청서 양식을 참고하여 우선변제권을 상실하는 우를 범하지 않길 바랍니다(첨부 3. 주택(상가건물)임차권등기명령 신청서).

한편, 임차인은 임차권등기명령에 소요되는 비용을 임대인에게 청구할 수 있습니다(주택임대차보호법 제3조의3 제8항, 상가건물 임대차보호법 제6조 제8항).

## Q. 임대인이 보증금을 지급하지 않아요.

임대인이 보증금을 지급하지 않는다면 먼저 전세보증금반환보증을 신청해둔 경우라면 보증금액을 임대인이 아닌 주택도시보증공사(HUG) 로부터 받을 수 있습니다. 그렇지 않은 경우, 보증금반환소송을 통해 판결을 확보한 후 강제집행 절차로 채권 추심을 진행할 수 있습니다. 여기서 강제집행절차라 함은 임차목적물 또는 임대인의 다른 재산에 경매를 신청하여 그 매각대금으로 임차보증금을 반환받거나, 통장 압류를 통해 임차보증금을 반환받는 등의 절차를 의미합니다.

만약 임대차 보증금 반환에 대하여 제소전화해를 받아뒀다면 바로 강제집행 절차로 채권 추심을 할 수 있습니다(첨부 2. 제소전화해 신청서).

임차인에게 우선변제권이 있는 경우, 임차인은 임차목적물의 가액 (임대차 계약 성립 당시 임차목적물과 대지가 모두 임대인의 소유에 속하는 경우 임차목적물뿐만 아니라 대지의 매각대금도 포함)에 대해서 저당권 등 담보물권과 비교하여 설정 순서대로 변제받을 수 있습니다.

즉, 임차목적물의 저당권 등 담보물권보다 임차인의 우선변제권 성립시가 앞서는 경우 임차인이 부순위권리자보다 우선하여 보증금을 변제받게 됩니다.

## Q. 우선변제권자가 경매 후 배당절차에서 배당요구를 해야 하나요?

소액임차인 최우선변제권자 또는 우선변제권자라고 하더라도 임차 목적물이 경매가 되는 경우 배당절차에서 반드시 배당요구[1]를 해야 합니다(첨부 4. 임차인 우선배당요구 신청서). 다만, 첫 경매개시결정등기 전에 임차권등기명령에 의하여 임차권등기가 된 경우 해당 임차인은 배당요구를 하지 않아도 당연히 배당채권자가 됩니다(대법원 2005. 9. 15. 선고 2005다33039 판결).

## Q. 임차목적물에 대해 경매가 이루어진 경우, 임차권이 소멸하나요?

임차목적물에 대해 경매가 행해져서 경락[2]된 경우 원칙적으로 임차권은 소멸합니다. 다만, 임차보증금이 전액 변제되지 않고 임차권에 대항력이 있는 경우, 임차권은 소멸하지 않습니다(주택임대차보호법 제3조의5, 상가건물 임대차보호법 제8조).

한편, 임차인의 우선변제권은 이미 경락으로 소멸하였으므로, 임차

---

1) 강제집행(임의 또는 강제경매절차)에 있어서 압류채권자 이외의 채권자가 집행에 참가하여 변제를 받는 방법.
2) 경매에 의하여 매수인이 그 소유권을 취득하는 것.

인은 두 번째 경매절차에서는 우선변제권을 주장하여 배당받을 수 없고, 다만 반환받을 때까지 임대차가 존속되고 있다는 것만을 주장할 수 있을 뿐입니다(대법원 2006. 2. 10. 선고 2005다21166 판결).

Q. 임차인이 임차목적물에 대해 경매를 신청하는 경우, 임대인에게 임차목적물을 인도해야 하는 건가요?

임차인이 임차목적물에 대해 경매를 신청할 경우, 임대인에게 임차목적물을 인도하지 않아도 됩니다(주택임대차보호법 제3조의2 제1항, 상가건물 임대차보호법 제5조 제1항). 다만, 이후 경매절차에서 우선변제권을 행사하여 보증금을 수령할 때에는 임차목적물을 매수인(경락인)에게 인도하여야 합니다. 이때 임차인은 우선배당을 받기 위해 매수인(경락인)으로부터 명도확인을 받아 배당기일에 제출해야 합니다.

Q. 주택 임대차의 경우, 미등기주택의 임차인도 그 대지의 환가대금에 대하여 우선변제권을 행사할 수 있나요?

미등기주택의 임차인도 우선변제권을 행사할 수 있습니다.

우리 법원은 임차인의 우선변제권은 임차주택이 미등기인 경우에도 그대로 적용된다고 판시한 바 있습니다(대법원 2007. 6. 21. 선고 2004다26133 판결).

## Q. 소액임차인 최우선변제권은 무엇인가요?

임차목적물에 대한 경매신청의 등기 전에 대항력을 취득한 '일정한 범위의 임차인(소액임차인)'에게 '보증금 중 일정액'에 대해서는 담보물권(저당권, 근저당권 등)에 우선하여 변제받을 수 있는 권리를 의미합니다(주택임대차보호법 제8조, 상가건물 임대차보호법 제14조).

소액임차인의 최우선변제권은 우선변제권과 구별되는 개념입니다. 즉, 임차인의 '우선변제권'은 담보물권과 동일한 권리순위에 있어서, 임차목적물이 경매에 부쳐진다면 해당 임차목적물의 저당권 설정시기와 우선변제권 설정시기를 비교하여 권리설정 순서가 빠른 권리자가 먼저 변제를 받도록 하는 권리라면, '소액임차인의 최우선변제권'은 다음 표에 따른 '우선변제를 받을 범위의 임차인'에게 '보증금 중 일정액'에 관하여 다른 담보물권설정 시기에 상관없이 담보물권자 및 그 밖의 채권자보다 우선하여 변제를 받을 수 있도록 하는 권리인 것입니다(아래 표 참조).

주택 소액임차인의 최우선변제권의 기준은 2023. 2. 21.자로 개정되었는데, 현재 존속 중인 임대차 계약에 대해서도 모두 개정된 기준이 적용됩니다. 다만, 2023. 2. 21.전에 임차주택에 대하여 담보물권을 취득한 자에 대해서는 변경 전의 소액임차인의 최우선 변제금액 상당액만을 인정하게 됩니다(주택임대차보호법 시행령 부칙).

## 주택 임대차의 경우

우선변제를 받을 임차인의 범위

|  | 지역 | 금액 |
|---|---|---|
| 2023. 2. 21. 이전 | 서울특별시 | 1억 5,000만 원 |
|  | 과밀억제권역, 세종특별자치시, 용인시, 화성시 및 김포시 | 1억 3,000만 원 |
|  | 광역시, 안산시, 광주시, 파주시, 이천시 및 평택시 | 7,000만 원 |
|  | 그 밖의 지역 | 6,000만 원 |
|  | 지역 | 금액 |
| 2023. 2. 21. 이후 | 서울특별시 | 1억 6,500만 원 |
|  | 과밀억제권역, 세종특별자치시, 용인시, 화성시 및 김포시 | 1억 4,500만 원 |
|  | 광역시, 안산시, 광주시, 파주시, 이천시 및 평택시 | 8,500만 원 |
|  | 그 밖의 지역 | 7,500만 원 |

보증금 중 일정액의 범위(최우선변제금)

|  | 지역 | 금액 |
|---|---|---|
| 2023. 2. 21. 이전 | 서울특별시 | 5,000만 원 |
|  | 과밀억제권역, 세종특별자치시, 용인시, 화성시 및 김포시 | 4,300만 원 |
|  | 광역시, 안산시, 광주시, 파주시, 이천시 및 평택시 | 2,300만 원 |
|  | 그 밖의 지역 | 2,000만 원 |

| | 지역 | 금액 |
|---|---|---|
| 2023. 2. 21. 이후 | 서울특별시 | 5,500만 원 |
| | 과밀억제권역, 세종특별자치시, 용인시, 화성시 및 김포시 | 4,800만 원 |
| | 광역시, 안산시, 광주시, 파주시, 이천시 및 평택시 | 2,800만 원 |
| | 그 밖의 지역 | 2,500만 원 |

    소액임차인의 최우선변제권을 이전 표를 보면서 설명해보겠습니다. 예를 들어 임차한 주택이 서울에 소재하는 경우, 보증금이 1억 6,500만 원 이하라면, 그중 5,500만 원(다만, 주택가액의 2분의 1에 해당하는 금액과 비교하여 주택가액의 2분의 1에 해당하는 금액이 5,500만 원보다 적다면 해당 금액)은 다른 담보권자 및 그 밖의 채권자보다 우선적으로 변제를 받을 수 있는 것입니다. 만약, 임차인이 임차한 주택이 서울에 소재하면서 보증금이 1억 6,500만 원을 초과하면, 임차인은 소액임차인이 아니어서 우선변제를 받을 수 없게 됩니다.

    상가건물 소액임차인의 우선변제권의 범위는 2013. 12. 30. 이후 아직 변경되지 않아서 아래표와 같으나, 최우선변제권 등 권리의무를 확인할 때 상가건물 임대차보호법 시행령 변경 여부도 한번 체크해보시길 권해드립니다.

## 상가건물 임대차의 경우

우선변제를 받을 임차인의 범위

| 지역 | 금액 |
|---|---|
| 서울특별시 | 6,500만 원 |
| 과밀억제권역 | 5,500만 원 |
| 광역시, 안산시, 용인시, 김포시 및 광주시 | 3,800만 원 |
| 그 밖의 지역 | 3,000만 원 |

보증금 중 일정액의 범위(최우선변제금)

| 지역 | 금액 |
|---|---|
| 서울특별시 | 2,200만 원 |
| 과밀억제권역 | 1,900만 원 |
| 광역시, 안산시, 용인시, 김포시 및 광주시 | 1,300만 원 |
| 그 밖의 지역 | 1,000만 원 |

　상가건물의 경우도 예를 들어보면, 만약 서울에 소재하는 상가건물을 임차하였고, 그 환산보증금이 6,500만 원 이하라면 그중 2,500만 원은 다른 담보권자 및 그 밖의 채권자보다 우선적으로 변제를 받을 수 있는 것입니다. 단, 이때 2,500만 원(보증금 중 일정액의 범위)과 임대건물가액(임대인 소유의 대지가액을 포함)의 2분의 1에 해당하는 금액을 비교하여 그보다 적은 금액을 우선적 변제를 받을 수 있습니다.

**Q.** 처음에는 소액임차인이 아니었는데 추후 임대차 보증금이 감액되어 소액임차인 요건에 해당하게 되었다면 소액임차인의 최우선변제권을 행사할 수 있나요?

처음에는 소액임차인이 아니었어도, 추후 임대차 보증금액이 최우선 변제 받을 소액임차인 요건에 해당되면 최우선변제권을 행사할 수 있습니다.

우리 법원은 '처음 임대차 계약을 체결할 당시에는 보증금액이 많아 주택임대차보호법상 소액임차인에 해당하지 않았지만 그 후 새로운 임대차 계약에 의하여 정당하게 보증금을 감액하여 소액임차인에 해당하게 되었다면, 그 임대차 계약이 통정허위표시에 의한 계약이어서 무효라는 등의 특별한 사정이 없는 한 그러한 임차인은 같은 법상 소액임차인으로 보호받을 수 있다'라고 판시하였습니다(대법원 2008. 5. 15. 선고 2007다23203 판결).

**Q.** 소액임차인이 최우선변제권 범위 외의 임차보증금도 받을 수 있나요?

최우선변제를 받았더라도 나머지 임차 보증금은 당연히 받아야겠지요. 소액임차인에게 최우선변제권을 인정하고 있는 것은 소액임차인을 보호하기 위하여 최우선변제권 범위 내 임차보증금에 대해서는 담보물권자보다 우선하여 보증금의 일부를 반환받을 수 있도록 한 것입니다. 따라서, 최우선변제를 받았더라도 그 외 임차보증금 역시 우선변제권이 있는 경우 담보물권과 같은 순위에서, 설정 순서에 따라 변제받게 됩니다. 그리고 우선변제권이 없는 경우 임대인의 일반채권자들과 동일한 순위에서 임대인에 대한 각 채권자의 채권액에 비례하여 변제받을 수 있습니다.

## 2. 원상회복

### Q. 임대차 기간 종료 후 임대인에게 임대차 계약 성립 당시와 동일한 상태로의 원상회복을 해야 하나요?

원칙적으로 임대차 계약 성립 당시와 동일한 상태로 원상회복을 해야 합니다.

임차인은 임차목적물을 원상회복할 의무가 있습니다(민법 제654조, 제615조). 더욱이, 임대인의 귀책사유로 임대차 계약이 해지된 경우에도, 임차인의 원상회복 의무는 존재합니다(대법원 2002. 12. 6. 선고 2002다42278 판결, 다만 임차인은 이 경우 임대인에게 손해배상을 청구할 수 있을 것입니다).

그러나, 임차인은 임차목적물에 부속물매수청구권의 대상이 되는 물건에 대해서는 원상회복의무를 지는 것이 아니라 임대인에 대하여 부속물매수청구를 할 수 있게 됩니다.

즉 임차인이, 자신의 소유에 속하는 독립한 물건을 임차목적물에 부합시켜 임차목적물의 사용에 객관적인 편익을 가져오게 한 경우, 임대차 종료 시에 임대인에게 그 물건을 매수해 줄 것을 청구할 수 있습니다. 이를 임차인의 부속물매수청구권이라고 하는데(민법 제646조) 이 경우 임차인은 부속물에 대해서는 원상회복 의무가 없고 오히려 임대인에게 이를 매수할 것을 청구할 수 있습니다.

## Q. 원상회복은 어느 정도로 해야 하나요?

원상회복의 정도를 일괄적으로 말하기는 어렵습니다. 일반적으로 임차인 입장에서는 임차목적물의 가치를 높이는 인테리어를 했으니 철거를 할 수 없다고 하고, 임대인 입장에서는 처음 임대차 계약 시로 돌려놓으라고 주장합니다. 개별 사안에 따라 다르게 평가되지만, 법원의 기본 원칙은 아래와 같습니다.

임대차 종료로 인한 임차인의 원상회복의무에는 임차인이 부동산 점유를 임대인에게 이전하는 것은 물론 임대인이 임대 당시의 부동산 용도에 맞게 다시 사용할 수 있도록 협력할 의무도 포함됩니다(대법원 2008. 10. 9. 선고 2008다34903 판결).

법원은 임차인에게 임대인 또는 그 허락을 받은 제3자가 임차목적물에서 다시 영업허가를 받는데 방해가 되지 않도록 임차목적물에서의 영업허가를 폐업신고하는 절차까지도 이행할 의무가 있다고 판시한 바 있습니다(대법원 2008. 10. 9. 선고 2008다34903 판결).

## Q. 어느 경우에 부속물매수청구권이 인정되나요?

임차인이 자신의 소유에 속하는 독립한 물건을 임대인의 동의를 얻어 임차목적물에 부합시켜 임차목적물의 사용에 객관적인 편익을 가져오게 한 경우에 부속물매수청구권이 인정됩니다(민법 제646조).

부속물매수권의 인정되는 요건을 더 자세히 살펴보면 다음과 같습니다.

먼저, 건물 기타 공작물의 임차인이어야 합니다. 따라서 토지임대차는 해당이 되지 않습니다.

둘째로, 임대차가 종료되어야 합니다. 우리 법원은 임대차 계약이 임차인의 차임연체 등 채무불이행으로 인하여 해지된 경우 임차인은 부속물매수청구권을 행사할 수 없다고 판시하였습니다(대법원 1990. 1. 23. 선고 88다카7245, 88다카7252 판결).

셋째로, 임차인이 독립성이 인정되는 물건(유리문, 기름 보일러, 샷시, 모터 펌프, 전기 시설, 환기 시설 및 냉방장치를 위한 냉각탑과 그 배관 시설 등)을 임차목적물에 부속시켜야 합니다. 이때 전등, 가구, 컴퓨터 등과 같이 임차목적물에 부속되는 것이 아니라 쉽게 분리가 되고, 분리시 임차목적물의 가치가 감소하지 않는 것은 부속물에 해당하지 않습니다.

넷째로, 부속물이 임차목적물의 객관적인 편익을 제공해야 합니다. 만약, 임차인의 특수 목적에 사용하기 위하여 부속된 것, 카페의 인테리어, 스튜디오 인테리어 등은 부속물매수청구권의 대상이 될 수 없습니다.

다섯째로, 임대인의 동의를 얻어 물건을 부속하였거나 임대인으로부터 매수한 물건을 부속한 것이어야 합니다. 이때 임대인의 동의는 명시적이거나 묵시적이어도 상관 없습니다.

위 요건을 꼼꼼히 확인하고 임대차 종료 시 임대인에게 임차목적물에 설치한 시설물의 비용을 청구하시길 바랍니다.

## Q. 부속물매수청구권은 어떻게 행사하나요?

부속물매수청구권은 특정한 행사방식이 정해져 있지 않아서, 성립요건만 갖춰지면 구두 또는 서면 등의 방식으로 행사할 수 있습니다.

또한 부속물매수청구권은 임차인이 의사표현만 하면 권리변동의 효과가 발생되는 권리(이를 '형성권'이라 합니다)여서, 임차인이 임대인에게 부속물매수청구권을 행사하겠다는 의사표현을 하면, 바로 임차인과 임대인 사이에 부속물에 관한 매매계약이 체결되는 효과가 생깁니다.

다만, 실제 임차인의 설치가 부속물로 인정되는지 여부 및 부속물의 매매가격 등에 대하여 임대인과 임차인이 합의가 이뤄지지 않는 경우가 많아서, 임차인이 임대인에게 의사표현을 하더라도 조정 또는 소송 등의 절차를 통하여 부속물매수청구권 행사의 목적을 달성하는 경우가 많습니다.

## Q. 부속물매수청구권을 배제하는 특약을 할 수 있나요?

부속물매수청구권 규정은 강행규정이므로 원칙적으로 이를 배제할 수 없으나 예외적으로 임대차 계약 과정을 전체적으로 보아 임차인에게 불리하지 않은 경우 이를 배제하는 특약도 유효합니다.

부속물매수청구권 규정은 강행규정이므로(민법 제652조 및 제646조), 임차인에게 불리한 것은 효력이 없습니다. 다만, 우리 법원은 임대차 계약의 과정을 전체적으로 살펴보아 임차인에게 불리하지 않은 경우 부속물매수청구권을 배제하는 내용의 특약 역시 효력을 배제할 수 없다고 판시한 바 있습니다(대법원 1982. 1. 19. 선고 81다1001 판결). 즉, 임차인이 임대차 종료 시 그때까지 증개축한 시설물과 부대시설을 포기하고 임대인의 소유에 귀속하기로 하는 대가로 보증금 및 차임을 파격적으로 저렴하게, 그 기간 역시 장기간으로 하였으며, 임대인이 당초 임대차 종료 시 임차목적물을 철거하고 그 부지에 건물을 신축하려고 했고 임차인 역시 임대차 계약 체결 시 이러한 사정을 미리 알고 있던 경우, 증개축한 시설물과 부대시설을 포기하는 내용의 약정이 무효라고 할 수 없다고 판시한 것입니다.

## Q. 임차목적물에 비용을 투입했는데 이런 비용을 돌려받을 수 있나요?

임차인은 일정한 요건 하에 임대인에게 임차목적물에 투입한 비용을 지급할 것을 청구할 수 있습니다.

임차인이, 임차목적물의 보존에 관한 비용을 지출한 때에는 지출한 비용 전액을 즉시 지급할 것을 청구할 수 있습니다(민법 제626조 제1항). 이를 필요비상환청구권이라 합니다.

또한 임차인이 비용을 들여 임차목적물의 객관적 가치를 증가시켰고 임대차 종료 시를 기준으로 임차목적물에 그 가치 증가가 남아 있는 경우 임차인은 임대인에게 그 비용을 지급할 것을 청구할 수 있습니다(민법 제626조 제2항). 이를 유익비상환청구권이라고 합니다.

필요비와 유익비상환을 받기 위해서는, 부속물매수청구권리와는 다르게 임대인의 동의를 받을 필요는 없는 점도 기억하세요.

사전 합의가 있더라도 임대인이 임의로 임차인을 강제퇴거시킬 수는 없습니다. 임대인이 강제적으로 퇴거시키려고 할 경우, 주거침입 등을 문제 삼을 수 있습니다.

우리 대법원은 '강제집행은 국가가 독점하고 있는 사법권의 한 작용을 이루고 채권자는 국가에 대하여 강제집행권의 발동을 신청할 수 있는 지위에 있을 뿐이므로, 법률이 정한 집행기관에 강제집행을 신청하지 않고 채권자가 임의로 강제집행을 하기로 하는 계약은 사회질서에 반하는 것으로 민법 제103조에 의하여 무효라고 할 것이다'라고 판시한 바 있습니다(대법원 2015. 3. 10. 선고 2004도341 판결). 따라서, 계약당사자 간 강제집행을 할 수 있다고 합의한 것은 유효하지 않으므로, 이를 근거로 임차인을 강제로 퇴거시킬 수는 없습니다.

상가건물을 임차하여 약국을 운영하는 갑이 임대차 계약이 종료되기 전 신규 임차인이 되려는 을에게 약국을 임차할 수 있도록 주선하고 권리금을 받기로 하는 권리금 계약을 체결하였습니다.

그런데 건물의 소유자인 임대인이 을과의 임대차 계약에 관한 협의 과정에서 약사자격증명서, 가족관계증명서, 예금잔고증명서, 약국운영 계획서 등의 제출을 요구하며 까다롭게 하더니 기존의 월 차임보다 40% 넘게 인상된 액수를 계약 조건으로 제시하여 임대차 계약에 관한 협의가 결렬되었습니다.

갑은 결국 권리금을 받지 못하였고, 임대차 계약 종료 후 상가건물 임대차보호법 제10조의4에서 정한 권리금 회수를 방해하였다는 이유로 임대인을 상대로 손해배상을 청구하였습니다.

과연. 갑은 손해배상을 받을 수 있을까요?

우리 판례는 갑이 주선한 을과 임대차 계약을 체결하지 않았다고 하더라도 상가임대차법 제10조의4 제1항 제4호에서 정한 '정당한 사유 없이' 을로부터 권리금을 지급받는 것을 방해하였다고 보기 어렵고, 추가적 방해행위를 하였음을 인정할 증거가 없다면 상기이유로 갑의 권리금 회수를 방해하였음으로 인한 손해배상책임을 인정하기 어렵다고 보았습니다.

(대구고등법원 2017. 10. 26. 선고 2016나1770, 1787 판결 참고)

## Q. 권리금이 무엇인가요?

권리금은, 임차목적물인 상가건물에서 영업을 하는 이 또는 영업을 하려는 이가 영업시설, 비품, 거래처, 신용, 영업상의 노하우, 상가건물의 위치에 따른 영업상의 이점 등 유무형의 재산적 가치 양도 또는 이용 대가로서 임대인 또는 임차권의 양도인, 임차인에게 보증금과 차임 이외에 지급하는 금전 등을 말합니다(상가건물 임대차보호법 제10조의3).

임차인은 이후 신규임차인과 권리금 계약을 체결하고 신규임차인으로부터 권리금을 지급받게 됩니다. 따라서, 임대인은 임차인이 신규임차인으로부터 권리금을 지급받는 것을 방해하면 임대인에게 손해배상 책임이 있게 됩니다.

신규임차인과 작성하는 권리금 계약서 예시를 참고하여 권리금도 똑똑하게 받으시길 바랍니다(첨부 5. 상가건물 임대차 권리금 계약서).


## Q. 권리금에 관하여 임차인에게 법상 인정되는 권리는 무엇인가요?

임대인이 임차인의 권리금 회수 기회를 방해하는 경우, 임차인은 임대인에 대해 손해배상을 청구할 수 있습니다. 다만, 임대인이 임차인이 권리금 회수 기회를 방해한다는 것은, 임차인이 신규임차인과의 임대차 계약을 주선하는 것을 전제로 합니다. 따라서, 임차인이 신규임차인과의 임대차 계약을 주선하지 않는 경우 임대인에게 손해배상을 청구할 수 없습니다(대법원 2019. 7. 4. 선고 2018다284226 판결).

**임대차 계약 당시 임대인에게 권리금을 지급했어요. 임대차 계약이 곧 종료되어 새로운 임차인을 구했는데, 임대인이 새로운 임차인과 임대차 계약을 체결하지 않으려고 하네요. 어떻게 해야 하나요?**

이 경우, 임대인에게 손해배상청구를 해야 합니다. 이를 일반적으로 권리금 소송이라고 합니다.

임대인은 임대차 종료 6개월 전부터 종료 시까지 임차인이 신규임차인이 되려는 자로부터 권리금을 지급받는 것을 방해해서는 아니 됩니다(상가건물 임대차보호법 제10조의4 제1항). 그리고, 임대인이 위와 같이 임차인을 방해해서 임차인이 손해를 입은 경우, 임차인은 임대인에게 손해배상을 청구할 수 있습니다(상가건물 임대차보호법 제10조의4 제3항).

다만 주의할 것은, 3기의 차임을 연체하는 등 임차인의 의무를 현저히 위반하여 계약갱신요구를 거절할 수 있는 사유(상가건물 임대차보호법 제10조 제1항 각호 참조)가 있는 경우, 임대인이 임차인의 권리금 회수 기회를 보호할 필요가 없습니다.(상가건물 임대차보호법 제10조의4 제1항 단서). 즉, 임대인이 임차인의 권리금 회수 기회를 방해하더라도 위법하지 않습니다.

## Q. 권리금 소송을 통하여 회수할 수 있는 금액은 얼마나 되나요?

손해배상액은 신규임차인이 임차인에게 지급하기로 한 권리금과 임대차 종료 당시의 권리금 중에서 낮은 금액을 상한으로 합니다(상가건물 임대차보호법 제10조의4 제3항).

## Q. 권리금 소송은 언제라도 제기할 수 있나요?

권리금 소송은 손해배상청구 소송으로, 법이 정한 손해배상청구권 행사 시효가 완성되기 전 소송을 제기해야 합니다. 임차인의 임대인에 대한 손해배상청구권은 임대차가 종료한 날로부터 3년 이내에 행사해야 한다는 점을 각별히 유의하세요(상가건물 임대차보호법 제10조의4 제4항).

## Q. 아직 신규임차인과 권리금 계약을 체결하지 않았는데, 이 경우 권리금 소송을 진행할 수 있나요?

권리금 계약이 체결되지 않은 상태라도 임대인의 태도만으로 권리금 회수 기회를 방해하는 것으로 볼 수 있다면, 권리금 소송을 진행할 수 있습니다.

대법원은 임차인이 새로운 임차인과 권리금 계약을 체결하지 않은 상태라고 하더라도 임대인이 새로운 임차인과 임대차 계약 체결을 거절하는 태도를 보이는 경우에는 임차인의 권리금 회수 기회를 방해하는 것으로서 손해배상책임을 진다고 판시한 바 있습니다(대법원 2019. 7. 10. 선고 2018다239608 판결).

## Q. 어떤 경우에 임대인이 임차인이 권리금을 지급받는 것을 방해하는 것으로 볼 수 있나요?

다음과 같은 경우에 임대인이 임차인의 권리금 회수를 방해하는 것으로 봅니다(상가건물 임대차보호법 제10조의4 제1항).

1. 임차인이 주선한 신규임차인이 되려는 자에게 권리금을 요구하거나 임차인이 주선한 신규임차인이 되려는 자로부터 권리금을 수수하는 행위
2. 임차인이 주선한 신규임차인이 되려는 자로 하여금 임차인에게 권리금을 지급하지 못하게 하는 행위
3. 임차인이 주선한 신규임차인이 되려는 자에게 상가건물에 관한 조세, 공과금, 주변 상가건물의 차임 및 보증금, 그 밖의 부담에 따른 금액에

비추어 현저히 고액의 차임과 보증금을 요구하는 행위

4. 그 밖에 정당한 사유 없이 임대인이 임차인이 주선한 신규임차인이 되려는 자와 임대차 계약의 체결을 거절하는 행위

그리고, 위 4호의 정당한 사유와 관련하여, 아래와 같은 사정이 있는 경우에는, 정당한 사유가 있는 것으로 봅니다(따라서, 임대인은 신규임차인과의 임대차 계약 체결을 거절할 수 있습니다. 상가건물 임대차보호법 제10조의4 제2항). 따라서 아래 각 호에 해당하는 경우, 임대인이 신규임차인과 임대차 계약을 체결하지 않아도, 임대인이 임차인의 권리금 회수 기회를 방해한다고 볼 수 없습니다.

1. 임차인이 주선한 신규임차인이 되려는 자가 보증금 또는 차임을 지급할 자력이 없는 경우(임차인은 임대인에게 이에 대해 자신이 알고 있는 정보를 제공해야 함)

2. 임차인이 주선한 신규임차인이 되려는 자가 임차인으로서의 의무를 위반할 우려가 있거나 그 밖에 임대차를 유지하기 어려운 상당한 사유가 있는 경우(임차인은 임대인에게 이에 대해 자신이 알고 있는 정보를 제공해야 함)

3. 임대차 목적물인 상가건물을 1년 6개월 이상 영리목적으로 사용하지 아니한 경우

4. 임대인이 선택한 신규임차인이 임차인과 권리금 계약을 체결하고 그 권리금을 지급한 경우

다만, 예를 들어, 임대인이 건물 1층에 냄새가 심하게 나는 식당이 생기는 등의 경우와 같이 정당한 사유가 있어서 임차인이 주선한 신규 임차인과의 임대차 계약 체결을 거절한다면 권리금 회수를 방해한다고 할 수 없을 것입니다.

## Q. 권리금 회수 방해와 관련하여, '임차목적물인 상가건물을 1년 6개월 이상 영리목적으로 사용하지 않은 경우'는 어떤 경우를 말하나요?

임대인이 임대차 종료 후 임대차 목적물인 상가건물을 1년 6개월 이상 영리목적으로 사용하지 아니하는 경우 임차인은 권리금을 회수할 수 없게 됩니다.

이때, 임대인이 임대차 종료 시 임차목적물을 1년 6개월 이상 영리목적으로 사용하지 않겠다는 사유를 들어 신규임차인과의 임대차 계약 체결을 거절하고, 실제로도 1년 6개월 이상 동안 상가건물을 영리목적으로 사용하지 않아야 합니다(대법원 2021. 11. 25. 선고 2019다285257 판결). 판례는, 임대인이 임대차 종료 후 상가건물을 영리목적으로 사용하지 아니한 기간이 1년 6개월에 미치지 못하는 사이에 상가건물을 매도한 경우, 임대인이 상가건물을 영리목적으로 사용하지 않는 상태가 새로운 소유자의 소유기간에도 계속하여 그대로 유지될 것을 전제로 처분하고, 실제로 종전 임대인과 새로운 소유자의 비영리 사용기간을 합쳐서 1년 6개월 이상이 되는 경우라면, 임대인에게 임차인의 권리금을 가로챌 의도가 있었다고 보기 어려우므로, 그러한 임대인에 대하여는 위 조항에 의한 정당한 사유를 인정할 수 있다고 판시한 바 있습니다(대법원 2022. 1. 14. 선고 2021다272346 판결).

문제는, 단지 임대인이 영리목적으로 사용하지 않기만 하면 되므로 자신이 해당 상가건물을 사용하여 이익을 취득할 수 있는데, 그에 반해 임차인으로서는 임대인의 '해당 상가건물을 1년 6개월 이상 영리목적으로 사용하지 않겠다'는 결정으로 인하여 자신이 거액의 권리금을 회수할 수 있는 기회를 놓칠 수 있다는 점입니다.

**Q. 임대인이 상가건물을 직접 사용한다고 하면서 제가 주선한 신규임차인과의 임대차 계약 체결을 거부하고 있어요. 어떻게 해야 하나요?**

임차인의 권리금 회수 기회를 방해하는 것으로 보아 권리금 소송을 해야 합니다.

대법원은 임대인이 신규임차인과의 임대차 계약 체결을 거부하는 것은 임차인의 권리금 회수 기회를 방해한 것으로 보고 있습니다. 또한, 임대인이 임차인의 권리금 회수 기회를 방해하는 것은 임차인이 신규임차인과의 임대차 계약을 주선하는 것을 전제로 하는데, 임대인이 직접 사용한다고 하는 의사를 명시적으로 표시한 경우에는 임차인이 실제로 주선하지 않았더라도 임차인은 권리금 회수 방해를 이유로 임대인을 상대로 손해배상청구를 할 수 있습니다(대법원 2019. 7. 4. 선고 2018다 284226 판결).

## Q. 대형상가의 경우에도 임차인에게 권리금 회수 기회 보호규정이 적용되나요?

임차목적물이 대규모점포 또는 준대규모점포의 일부인 경우나 국유재산 또는 공유재산인 경우에는 권리금 회수 기회 보호규정이 적용되지 않습니다(상가건물 임대차보호법 제10조의5).

대규모점포는 대형마트, 백화점, 복합쇼핑몰 등 하나 또는 대통령령으로 정하는 둘 이상의 연접되어 있는 건물 안에 하나 또는 여러 개로 나누어 설치되는 매장으로, 상시 운영되고, 매장면적의 합계가 3,000제곱미터 이상인 점포의 집단입니다. 준대규모점포는 대규모점포를 경영하는 회사 또는 그 계열회사가 직영하는 점포 또는 상호출자제한기업집단의 계열회사가 직영하는 점포 또는 위 각 회사 또는 그 계열회사가 직영점형 체인사업 및 프랜차이즈형 체인사업의 형태로 운영하는 점포를 의미합니다.

**Q. 임대인과 '임대인이 임차인의 권리금 회수 기회를 방해해도 문제 삼지 않는다'는 내용의 특약을 했는데, 유효한가요?**

무효입니다. 상가건물 임대차보호법에 위반된 약정으로서 임차인에게 불리한 것은 효력이 없습니다(상가건물 임대차보호법 제15조).

## 4. 기타

**Q. 주택 임대차의 경우, 임대차 종료 시에도 임대차 신고를 해야 하나요?**

주택 임대차 계약이 해제 등 외에 임대차 기간 만료로 종료한 경우에는 별도로 임대차 신고를 할 필요가 없습니다.

부동산거래신고등에관한법률은 주택 임대차 계약의 체결, 변경 및 해제의 경우에만 신고할 것을 정하고 있습니다(부동산거래신고등에관한법률 제6조의2 및 제6조의3).

## Q. 임차인이 상속권자 없이 사망한 경우, 사망한 임차인의 권리 및 의무를 누가 승계하나요?

사실상 혼인관계에 있는 자가 그 주택에서 가정공동생활을 하고 있었다면 그 자가 사망한 임차인의 권리 및 의무를 승계합니다(주택임대차보호법 제9조 제1항). 다만, 그 자가 임차인 사망 시로부터 1개월 이내에 임대인에게 반대의사를 표시하지 않아야 합니다(주택임대차보호법 제9조 제3항).

## Q. 임차인 사망 당시, 사실혼 관계의 처는 같이 살고 있었으나 상속권자는 같은 주택에서 가정공동생활을 하고 있지 않았다면, 사망한 임차인의 권리 및 의무를 누가 승계하나요?

그 주택에서 가정공동생활을 하던 사실상 혼인관계에 있는 자와 2촌 이내의 친족이 사망한 임차인의 권리 및 의무를 공동으로 승계합니다(주택임대차보호법 제9조 제2항). 다만, 그 자가 임차인 사망시로부터 1개월 이내에 임대인에게 반대의사를 표시하지 않아야 합니다(주택임대차보호법 제9조 제3항).

# 6장

## 조정 및 소송 등 권리구제 관련 절차와 가이드

임차인

변호사님. 최근 임대인과 분쟁이 생겨
곤란해졌어요.

저한테도 이런 일이 생기다니...
어떻게 해결할 수 있을까요?

 김한나 변호사

일단 당사자 간에 합의를 시도해야겠지만, 합의가
되지 않는다면 주택임대차 분쟁조정위원회에
조정을 받는 방법 또는 소송 등의 방법이 있습니다.
하지만 분쟁조종위원회의 조정에 만족하지 못하는
경우 결국 최종적으로 소송을 통하여 해결할 수
밖에 없습니다.

생각보다 임대차와 관련해 크고 작은 분쟁이 일어
나기 쉽다는 것을 인지하시고, 앞으로 사전에 관련
자료를 확보하여 대비한다면 합의, 조정 또는 소송
과정에서 자료의 미비로 인하여 불이익을 받는
일은 없겠지요.

# 6장. 조정 및 소송 등 권리구제 관련 절차와 가이드

## 1. 증거 확보

　조정 및 소송 등 제3기관을 통해 판단 받기 위해서는 무엇보다도 증거 확보가 필요합니다. 앞서 언급한 내용 중 '요건'과 관련한 자료는 반드시 확보해 놓아야 합니다. 예를 들어, 계약갱신요구를 하는 경우, 계약갱신을 요구하는 내용증명을 보내거나 이러한 내용을 담은 카카오톡 메시지, 문자 메시지, 녹음 등을 반드시 남겨 놓아야 합니다.

　흔히, 많은 분들이 분쟁이 발생하면 내용증명(첨부 6. 내용증명 샘플. 같은 문서를 3부 작성한 후 우체국에 가서 내용증명을 보내고 싶다고 말하면 우체국에서 '내용증명' 형식으로 문서를 발송해 줍니다. 이를 내용증명이라고 합니다. 이 중 1부는 상대편에게 발송하고, 1부는 우체국에서 보관하며, 나머지 1부는 보관용으로 돌려줍니다)으로 통지할 때만 법적인 효력이 있다고 생각하는데, 카카오톡 메시지나 문자 메시지 등 역시 재판에서 증거로 사용될 수 있습니다. 다만, 내용증명의 경우 문서 형태로 발송하고 상대방이 등기로 받기 때문에, 상대방에게 도달되었다는 입증이 쉽고 발송하는 사람 역시 작성 과정에서 신중하게 필요한 모든 내용을 기재하게 되며, 이후 당사자가 내용증명 문서를 분실하더라도 발송 후 3년내 우체국에서 재증명을 받거나 내용을 열람할 수 있기 때문에 카카오톡 메시지나 문자 메시지보다는 신빙성이 높은 증거로 사용되는 것입니다.

한편, 재판에서는 당사자의 의사를 확인할 수 있는 모든 방법이 다 증거가 될 수 있습니다. 따라서 분쟁을 예방하거나 추후 분쟁에서 이기기 위해서는 평소에 자료를 모아 두는 것이 중요합니다.

증거를 준비할 때는 해당 증거가 생성된 날짜를 알 수 있도록 하는 것이 중요합니다. 예를 들어 갱신 거절의 내용을 담은 카카오톡 메시지를 받은 후 해당 화면을 캡쳐해 놓았으나 추후 확인해보니 받은 날짜가 함께 나오지 않는 경우, 갱신 거절의 의사표시를 한 날짜와 관련하여 다툼의 여지가 있게 됩니다. 따라서, 시간이 중요한 증거의 경우 날짜를 알 수 있도록 하는 것이 중요합니다.

## 2. 주택 임대차 분쟁조정

임대차와 관련한 분쟁의 해결을 위하여 주택의 경우 주택임대차분쟁조정위원회(https://www.hldcc.or.kr/)가, 상가건물의 경우 상가건물임대차분쟁조정위원회(https://www.cbldcc.or.kr/)가 각 운영되고 있습니다.

임대차와 관련된 분쟁이 있는 경우 위 각 기관에 문의하는 방법도 있습니다.

## 3. 보증금반환청구 및 손해배상 소송 관련

### 가. 민사소송 제기

임차인이 보증금반환을 받지 못하였거나, 권리금의 회수를 방해받거나 임대차 계약으로 인하여 손해를 입은 경우 소송을 제기할 수 있습니다. 소송 제기는 변호사의 도움을 받는 것을 권하지만, 간단한 사건인 경우 직접 소송을 제기할 수도 있습니다. 민사소송 진행은 (i) 우편으로 소장 및 준비서면, 증거 등을 제출하는 방법과 (ii) 대법원 전자소송 사이트를 통하여 온라인으로 진행하는 방법(전자소송 사이트: https://ecfs.scourt.go.kr)이 있습니다.

우선 혼자 소를 제기하실 수 있도록 기본적인 것들을 설명해 드릴 테니, 첨부한 소장 예시를 참조하세요.

1) 보증금반환청구 소송을 제기하고자 한다면 임대차 계약서상 임차인이 원고이고, 임대차 계약서상 임대인이 피고입니다. 단, 통상적으로 임차 목적물의 소유자가 변동된 경우, 임대차 계약서를 새로 작성하지 않더라도 새로운 소유자가 피고입니다[첨부 7-1. 보증금반환청구의 소장 (부동산 인도 전 동시이행), 7-2. 보증금반환청구의 소장(부동산 인도 후) 샘플].

2) 다음으로 소장은 청구취지를 잘 기재해야 하니, 아래 예시를 참고하세요.

---

1. 피고는 원고로부터 [주소]를 인도받음과 동시에 [임차보증금액]을 지급하라.
   → 보증금 반환청구에 관한 청구취지.

2. 피고는 원고에게 [     ]원을 지급하라. → 손해배상 청구가 있는 경우

3. 소송비용은 피고가 부담한다.

4. 제1항 및 제2항은 가집행할 수 있다.

---

3) 청구원인은 임대차 보증금 또는 손해배상을 청구하게 된 사건의 경위를 자세히 기재하고, 아래의 증거들을 참고하여 첨부하셔야 합니다.

- 임대차 계약서
- 등기사항전부증명서
- 내용증명, 문자 등 해지통지서
- 보증금입금 영수증
- 손해배상청구 시, 손해발생과 관련한 증거 첨부

4) 관할과 관련하여, 피고(상대방)의 주소지 또는 원고의 주소지(의무이행지) 또는 불법행위지(손해배상의 경우 임대목적물의 주소지) 소재 관할 법원에 소를 제기하시면 됩니다.

5) 변호사의 도움 없이 직접 소를 진행한다면, 소송 진행절차 및 기타 서류작성의 도움을 받기 위하여 대한민국 법원 나홀로 소송(https://pro-se.scourt.go.kr/)을 활용하여 기타 공부를 조금 하시길 권해드립니다.

### 나. 경매신청

보증금반환청구소송에서 승소하면 보통 임대인이 임차보증금을 지급합니다. 다만, 임대인이 사정상 임차보증금을 직접 지급할 수 없는 경우, 결국 임차목적물에 대한 경매신청을 통하여 임차보증금의 만족을 얻을 수밖에 없으므로, 임차인은 부동산경매를 신청해야 합니다(첨부 8-1. 부동산임의경매신청서, 8-2. 부동산강제경매신청서 샘플).

그 과정은 다음과 같습니다.

1. 법원 또는 전자소송사이트에 부동산경매신청서를 제출함
2. 법원에서 이를 검토한 후 경매개시결정을 함
3. 경매개시결정이 되면 법원은 채무자에게 경매개시결정 정본을 송달함
4. 집행관은 경매대상 부동산의 현황을 조사하고, 감정인은 이를 평가함
5. 법원은 매각기일을 지정하고 공고함
6. 매각기일에 경매가 진행되며 최고가 입찰인이 있으면 매각기일로부터

7일 이내에 매각허가결정을 함

7. 최고가매수신고인은 법원이 정한 기일 내에 매각대금을 납입하고, 임차인은 매각대금으로 채권을 변제받음

그 외에, 임차목적물이 아닌 별도 임대인의 재산(채권, 동산 등)에 강제집행을 할 수도 있습니다.

민사사건의 경우, 대한민국 법원의 전자소송 사이트(https://ecfs.
scourt.go.kr/ecf/index.jsp)를 통하여 직접 법원에 방문하지 아니
하고 소송을 제기하고, 응소(상대방의 소에 대응)할 수 있습니다.

**1** 먼저, 공동인증서가 필요합니다. 은행, 카드사의 인증서를 사용
하실 수 있고, 한국정보인증에서 발급하는 인증서를 사용하실 수
도 있습니다. 전자소송 사이트에서 회원가입을 하고, 공동인증서
를 등록합니다.

**2** 첨부한 소장형식을 참고하여 내용을 작성한 후, 전자소송을 통하
여 작성한 소장을 제출합니다. 전자소송 사이트에 들어가서, 다
음의 순서대로 클릭하여 소장을 제출합니다.

서류제출 → 민사서류 → 소장 → 전자소송 동의 → 각 기본정보 및
소장 내용 기재 → 입증/첨부서류 업로드 → 작성문서 확인 후 제출

**3** 만약, 상대방이 제출한 소장을 받은 경우라면, 우리는 피고가 되
어서 답변서를 제출하게 됩니다. 소장을 받은 경우에도 전자소송
을 통하여 답변서를 제출할 수 있습니다. 답변서를 제출하는 방
법은 다음과 같습니다. 답변서를 제출하려면, 미리 상대방으로부
터 받은 우편물에 소장의 사건번호를 기억해두어야 합니다. 그럼
아래 순서대로 클릭! 클릭!

서류제출 → 민사서류 → 답변서 → 사건확인(법원에서 송달받은
우편물_소송절차안내서에 표시된 사건번호 및 전자소송인증번호를
입력) → 소송서류입력(준비한 답변서 내용을 기재 또는 첨부파일로
업로드) → 입증/첨부서류 업로드 → 작성문서 확인 후 제출

**4** 소장과 답변서가 각 당사자에게 송달된 이후, 소송이 진행되는 중 제출하는 서면을 준비서면이라 합니다. 준비서면도 전자소송으로 제출할 수 있고, 상대방의 준비서면은 전자소송을 통해 송달받고 열람할 수 있습니다. 준비서면 제출은 다음과 같습니다.

서류제출 → 민사서류 → 준비서면 → 사건확인(사건번호를 입력) → 소송서류입력(미리 준비한 준비서면 내용을 기재 또는 첨부파일로 업로드) → 입증/첨부서류 업로드 → 작성문서 확인 후 제출

**5** 여기서 유의해야 할 사항은, 전자소송으로 소송절차를 진행하는 경우 더 이상 상대방의 준비서면, 증거자료, 변론기일지정서 등이 우편으로 송달되지 않고 전자문서로 송달되어서 전자소송 홈페이지를 통해 열람하게 됩니다. 따라서 전자소송 회원 가입 시 송달서류 안내메일 또는 문자 메시지를 알람 서비스로 받을 수 있게 표시해두시면 편리합니다. 이후 상대방의 서면 또는 법원이 발송하는 문서들을 알람으로 수신한 뒤 전자소송 홈페이지에 접속하여 전자문서로 사건기록을 열람하면서, 편리하게 소송절차를 진행할 수 있습니다.

**6** 홀로 전자소송 절차를 이용하기 위한 팁을 하나 더 드리면, 대한민국 법원 나홀로 소송(https://pro-se.scourt.go.kr/wsh/wsh000/WSHMain.jsp)을 참고해 보세요. 동 사이트에서는 더 다양한 소송형태를 확인할 수 있고, 민사 소송절차와 관련하여 더 자세한 설명 및 많은 정보를 얻을 수 있어서 혼자 소송을 할 때 큰 도움이 될 것입니다.

부록

주택임대차보호법
전문

상가건물 임대차보호법
전문

# 주택임대차보호법 ( 약칭: 주택임대차법 )

[시행 2020. 12. 10.] [법률 제17363호, 2020. 6. 9., 일부개정]

법무부(법무심의관실) 02-2110-3164

국토교통부(주택정책과) 044-201-3321, 3334, 4177

**제1조(목적)** 이 법은 주거용 건물의 임대차(賃貸借)에 관하여 「민법」에 대한 특례를 규정함으로써 국민 주거생활의 안정을 보장함을 목적으로 한다.

[전문개정 2008. 3. 21.]

**제2조(적용 범위)** 이 법은 주거용 건물(이하 "주택"이라 한다)의 전부 또는 일부의 임대차에 관하여 적용한다. 그 임차주택(賃借住宅)의 일부가 주거 외의 목적으로 사용되는 경우에도 또한 같다.

[전문개정 2008. 3. 21.]

**제3조(대항력 등)** ① 임대차는 그 등기(登記)가 없는 경우에도 임차인(賃借人)이 주택의 인도(引渡)와 주민등록을 마친 때에는 그 다음 날부터 제삼자에 대하여 효력이 생긴다. 이 경우 전입신고를 한 때에 주민등록이 된 것으로 본다.

② 주택도시기금을 재원으로 하여 저소득층 무주택자에게 주거생활 안정을 목적으로 전세임대주택을 지원하는 법인이 주택을 임차한 후 지방자치단체의 장 또는 그 법인이 선정한 입주자가 그 주택을 인도받고 주민등록을 마쳤을 때에는 제1항을 준용한다. 이 경우 대항력이 인정되는 법인은 대통령령으로 정한다. 〈개정 2015. 1. 6.〉

③ 「중소기업기본법」 제2조에 따른 중소기업에 해당하는 법인이 소속 직원의 주거용으로 주택을 임차한 후 그 법인이 선정한 직원이 해당 주택을 인도받고 주민등록을 마쳤을 때에는 제1항을 준용한다. 임대차가 끝나기 전에 그 직원이 변경된 경우에는 그 법인이 선정한 새로운 직원이 주택을 인도받고 주민등록을 마친 다음 날부터 제삼자에 대하여 효력이 생긴다. 〈신설 2013. 8. 13.〉

④ 임차주택의 양수인(讓受人)(그 밖에 임대할 권리를 승계한 자를 포함한다)은 임대인(賃貸人)의 지위를 승계한 것으로 본다. 〈개정 2013. 8. 13.〉

⑤ 이 법에 따라 임대차의 목적이 된 주택이 매매나 경매의 목적물이 된 경우에는 「민법」 제

575조제1항·제3항 및 같은 법 제578조를 준용한다. 〈개정 2013. 8. 13.〉

⑥ 제5항의 경우에는 동시이행의 항변권(抗辯權)에 관한 「민법」 제536조를 준용한다. 〈개정 2013. 8. 13.〉

[전문개정 2008. 3. 21.]

**제3조의2(보증금의 회수)** ① 임차인(제3조제2항 및 제3항의 법인을 포함한다. 이하 같다)이 임차주택에 대하여 보증금반환청구소송의 확정판결이나 그 밖에 이에 준하는 집행권원(執行權原)에 따라서 경매를 신청하는 경우에는 집행개시(執行開始)요건에 관한 「민사집행법」 제41조에도 불구하고 반대의무(反對義務)의 이행이나 이행의 제공을 집행개시의 요건으로 하지 아니한다. 〈개정 2013. 8. 13.〉

② 제3조제1항·제2항 또는 제3항의 대항요건(對抗要件)과 임대차계약증서(제3조제2항 및 제3항의 경우에는 법인과 임대인 사이의 임대차계약증서를 말한다)상의 확정일자(確定日字)를 갖춘 임차인은 「민사집행법」에 따른 경매 또는 「국세징수법」에 따른 공매(公賣)를 할 때에 임차주택(대지를 포함한다)의 환가대금(換價代金)에서 후순위권리자(後順位權利者)나 그 밖의 채권자보다 우선하여 보증금을 변제(辨濟)받을 권리가 있다. 〈개정 2013. 8. 13.〉

③ 임차인은 임차주택을 양수인에게 인도하지 아니하면 제2항에 따른 보증금을 받을 수 없다.

④ 제2항 또는 제7항에 따른 우선변제의 순위와 보증금에 대하여 이의가 있는 이해관계인은 경매법원이나 체납처분청에 이의를 신청할 수 있다. 〈개정 2013. 8. 13.〉

⑤ 제4항에 따라 경매법원에 이의를 신청하는 경우에는 「민사집행법」 제152조부터 제161조까지의 규정을 준용한다.

⑥ 제4항에 따라 이의신청을 받은 체납처분청은 이해관계인이 이의신청일부터 7일 이내에 임차인 또는 제7항에 따라 우선변제권을 승계한 금융기관 등을 상대로 소(訴)를 제기한 것을 증명하면 해당 소송이 끝날 때까지 이의가 신청된 범위에서 임차인 또는 제7항에 따라 우선변제권을 승계한 금융기관 등에 대한 보증금의 변제를 유보(留保)하고 남은 금액을 배분하여야 한다. 이 경우 유보된 보증금은 소송의 결과에 따라 배분한다. 〈개정 2013. 8. 13.〉

⑦ 다음 각 호의 금융기관 등이 제2항, 제3조의3제5항, 제3조의4제1항에 따른 우선변제권을 취득한 임차인의 보증금반환채권을 계약으로 양수한 경우에는 양수한 금액의 범위에서 우선변제권을 승계한다. 〈신설 2013. 8. 13., 2015. 1. 6., 2016. 5. 29.〉

1. 「은행법」에 따른 은행

2. 「중소기업은행법」에 따른 중소기업은행

3. 「한국산업은행법」에 따른 한국산업은행

4. 「농업협동조합법」에 따른 농협은행

5. 「수산업협동조합법」에 따른 수협은행

6. 「우체국예금 · 보험에 관한 법률」에 따른 체신관서

7. 「한국주택금융공사법」에 따른 한국주택금융공사

8. 「보험업법」 제4조제1항제2호라목의 보증보험을 보험종목으로 허가받은 보험회사

9. 「주택도시기금법」에 따른 주택도시보증공사

10. 그 밖에 제1호부터 제9호까지에 준하는 것으로서 대통령령으로 정하는 기관

⑧ 제7항에 따라 우선변제권을 승계한 금융기관 등(이하 "금융기관등"이라 한다)은 다음 각
호의 어느 하나에 해당하는 경우에는 우선변제권을 행사할 수 없다. 〈신설 2013. 8. 13.〉

1. 임차인이 제3조제1항 · 제2항 또는 제3항의 대항요건을 상실한 경우

2. 제3조의3제5항에 따른 임차권등기가 말소된 경우

3. 「민법」 제621조에 따른 임대차등기가 말소된 경우

⑨ 금융기관등은 우선변제권을 행사하기 위하여 임차인을 대리하거나 대위하여 임대차를 해
지할 수 없다. 〈신설 2013. 8. 13.〉

[전문개정 2008. 3. 21.]

**제3조의3(임차권등기명령)** ① 임대차가 끝난 후 보증금이 반환되지 아니한 경우 임차인은 임
차주택의 소재지를 관할하는 지방법원 · 지방법원지원 또는 시 · 군 법원에 임차권등기명령
을 신청할 수 있다. 〈개정 2013. 8. 13.〉

② 임차권등기명령의 신청서에는 다음 각 호의 사항을 적어야 하며, 신청의 이유와 임차권등
기의 원인이 된 사실을 소명(疎明)하여야 한다. 〈개정 2013. 8. 13.〉

1. 신청의 취지 및 이유

2. 임대차의 목적인 주택(임대차의 목적이 주택의 일부분인 경우에는 해당 부분의 도면을 첨
   부한다)

3. 임차권등기의 원인이 된 사실(임차인이 제3조제1항 · 제2항 또는 제3항에 따른 대항력을
   취득하였거나 제3조의2제2항에 따른 우선변제권을 취득한 경우에는 그 사실)

4. 그 밖에 대법원규칙으로 정하는 사항

③ 다음 각 호의 사항 등에 관하여는 「민사집행법」 제280조제1항, 제281조, 제283조, 제285조, 제286조, 제288조제1항·제2항 본문, 제289조, 제290조제2항 중 제288조제1항에 대한 부분, 제291조 및 제293조를 준용한다. 이 경우 "가압류"는 "임차권등기"로, "채권자"는 "임차인"으로, "채무자"는 "임대인"으로 본다.

1. 임차권등기명령의 신청에 대한 재판

2. 임차권등기명령의 결정에 대한 임대인의 이의신청 및 그에 대한 재판

3. 임차권등기명령의 취소신청 및 그에 대한 재판

4. 임차권등기명령의 집행

④ 임차권등기명령의 신청을 기각(棄却)하는 결정에 대하여 임차인은 항고(抗告)할 수 있다.

⑤ 임차인은 임차권등기명령의 집행에 따른 임차권등기를 마치면 제3조제1항·제2항 또는 제3항에 따른 대항력과 제3조의2제2항에 따른 우선변제권을 취득한다. 다만, 임차인이 임차권등기 이전에 이미 대항력이나 우선변제권을 취득한 경우에는 그 대항력이나 우선변제권은 그대로 유지되며, 임차권등기 이후에는 제3조제1항·제2항 또는 제3항의 대항요건을 상실하더라도 이미 취득한 대항력이나 우선변제권을 상실하지 아니한다. 〈개정 2013. 8. 13.〉

⑥ 임차권등기명령의 집행에 따른 임차권등기가 끝난 주택(임대차의 목적이 주택의 일부분인 경우에는 해당 부분으로 한정한다)을 그 이후에 임차한 임차인은 제8조에 따른 우선변제를 받을 권리가 없다.

⑦ 임차권등기의 촉탁(囑託), 등기관의 임차권등기 기입(記入) 등 임차권등기명령을 시행하는 데에 필요한 사항은 대법원규칙으로 정한다. 〈개정 2011. 4. 12.〉

⑧ 임차인은 제1항에 따른 임차권등기명령의 신청과 그에 따른 임차권등기와 관련하여 든 비용을 임대인에게 청구할 수 있다.

⑨ 금융기관등은 임차인을 대위하여 제1항의 임차권등기명령을 신청할 수 있다. 이 경우 제3항·제4항 및 제8항의 "임차인"은 "금융기관등"으로 본다. 〈신설 2013. 8. 13.〉

[전문개정 2008. 3. 21.]

**제3조의4(「민법」에 따른 주택임대차등기의 효력 등)** ① 「민법」 제621조에 따른 주택임대차등기의 효력에 관하여는 제3조의3제5항 및 제6항을 준용한다.

② 임차인이 대항력이나 우선변제권을 갖추고 「민법」 제621조제1항에 따라 임대인의 협력을 얻어 임대차등기를 신청하는 경우에는 신청서에 「부동산등기법」 제74조제1호부터 제6

호까지의 사항 외에 다음 각 호의 사항을 적어야 하며, 이를 증명할 수 있는 서면(임대차의 목적이 주택의 일부분인 경우에는 해당 부분의 도면을 포함한다)을 첨부하여야 한다. 〈개정 2011. 4. 12., 2020. 2. 4.〉

1. 주민등록을 마친 날
2. 임차주택을 점유(占有)한 날
3. 임대차계약증서상의 확정일자를 받은 날

[전문개정 2008. 3. 21.]

**제3조의5(경매에 의한 임차권의 소멸)** 임차권은 임차주택에 대하여 「민사집행법」에 따른 경매가 행하여진 경우에는 그 임차주택의 경락(競落)에 따라 소멸한다. 다만, 보증금이 모두 변제되지 아니한, 대항력이 있는 임차권은 그러하지 아니하다.

[전문개정 2008. 3. 21.]

**제3조의6(확정일자 부여 및 임대차 정보제공 등)** ① 제3조의2제2항의 확정일자는 주택 소재지의 읍·면사무소, 동 주민센터 또는 시(특별시·광역시·특별자치시는 제외하고, 특별자치도는 포함한다)·군·구(자치구를 말한다)의 출장소, 지방법원 및 그 지원과 등기소 또는 「공증인법」에 따른 공증인(이하 이 조에서 "확정일자부여기관"이라 한다)이 부여한다.

② 확정일자부여기관은 해당 주택의 소재지, 확정일자 부여일, 차임 및 보증금 등을 기재한 확정일자부를 작성하여야 한다. 이 경우 전산처리정보조직을 이용할 수 있다.

③ 주택의 임대차에 이해관계가 있는 자는 확정일자부여기관에 해당 주택의 확정일자 부여일, 차임 및 보증금 등 정보의 제공을 요청할 수 있다. 이 경우 요청을 받은 확정일자부여기관은 정당한 사유 없이 이를 거부할 수 없다.

④ 임대차계약을 체결하려는 자는 임대인의 동의를 받아 확정일자부여기관에 제3항에 따른 정보제공을 요청할 수 있다.

⑤ 제1항·제3항 또는 제4항에 따라 확정일자를 부여받거나 정보를 제공받으려는 자는 수수료를 내야 한다.

⑥ 확정일자부에 기재하여야 할 사항, 주택의 임대차에 이해관계가 있는 자의 범위, 확정일자부여기관에 요청할 수 있는 정보의 범위 및 수수료, 그 밖에 확정일자부여사무와 정보제공 등에 필요한 사항은 대통령령 또는 대법원규칙으로 정한다.

[본조신설 2013. 8. 13.]

**제4조(임대차기간 등)** ① 기간을 정하지 아니하거나 2년 미만으로 정한 임대차는 그 기간을 2년으로 본다. 다만, 임차인은 2년 미만으로 정한 기간이 유효함을 주장할 수 있다.

② 임대차기간이 끝난 경우에도 임차인이 보증금을 반환받을 때까지는 임대차관계가 존속되는 것으로 본다.

[전문개정 2008. 3. 21.]

**제5조** 삭제 〈1989. 12. 30.〉

**제6조(계약의 갱신)** ① 임대인이 임대차기간이 끝나기 6개월 전부터 2개월 전까지의 기간에 임차인에게 갱신거절(更新拒絶)의 통지를 하지 아니하거나 계약조건을 변경하지 아니하면 갱신하지 아니한다는 뜻의 통지를 하지 아니한 경우에는 그 기간이 끝난 때에 전 임대차와 동일한 조건으로 다시 임대차한 것으로 본다. 임차인이 임대차기간이 끝나기 2개월 전까지 통지하지 아니한 경우에도 또한 같다. 〈개정 2020. 6. 9.〉

② 제1항의 경우 임대차의 존속기간은 2년으로 본다. 〈개정 2009. 5. 8.〉

③ 2기(期)의 차임액(借賃額)에 달하도록 연체하거나 그 밖에 임차인으로서의 의무를 현저히 위반한 임차인에 대하여는 제1항을 적용하지 아니한다.

[전문개정 2008. 3. 21.]

**제6조의2(묵시적 갱신의 경우 계약의 해지)** ① 제6조제1항에 따라 계약이 갱신된 경우 같은 조 제2항에도 불구하고 임차인은 언제든지 임대인에게 계약해지(契約解止)를 통지할 수 있다. 〈개정 2009. 5. 8.〉

② 제1항에 따른 해지는 임대인이 그 통지를 받은 날부터 3개월이 지나면 그 효력이 발생한다.

[전문개정 2008. 3. 21.]

**제6조의3(계약갱신 요구 등)** ① 제6조에도 불구하고 임대인은 임차인이 제6조제1항 전단의 기간 이내에 계약갱신을 요구할 경우 정당한 사유 없이 거절하지 못한다. 다만, 다음 각 호의 어느 하나에 해당하는 경우에는 그러하지 아니하다.

1. 임차인이 2기의 차임액에 해당하는 금액에 이르도록 차임을 연체한 사실이 있는 경우

2. 임차인이 거짓이나 그 밖의 부정한 방법으로 임차한 경우

3. 서로 합의하여 임대인이 임차인에게 상당한 보상을 제공한 경우

4. 임차인이 임대인의 동의 없이 목적 주택의 전부 또는 일부를 전대(轉貸)한 경우

5. 임차인이 임차한 주택의 전부 또는 일부를 고의나 중대한 과실로 파손한 경우

6. 임차한 주택의 전부 또는 일부가 멸실되어 임대차의 목적을 달성하지 못할 경우

7. 임대인이 다음 각 목의 어느 하나에 해당하는 사유로 목적 주택의 전부 또는 대부분을 철거하거나 재건축하기 위하여 목적 주택의 점유를 회복할 필요가 있는 경우

  가. 임대차계약 체결 당시 공사시기 및 소요기간 등을 포함한 철거 또는 재건축 계획을 임차인에게 구체적으로 고지하고 그 계획에 따르는 경우

  나. 건물이 노후 · 훼손 또는 일부 멸실되는 등 안전사고의 우려가 있는 경우

  다. 다른 법령에 따라 철거 또는 재건축이 이루어지는 경우

8. 임대인(임대인의 직계존속 · 직계비속을 포함한다)이 목적 주택에 실제 거주하려는 경우

9. 그 밖에 임차인이 임차인으로서의 의무를 현저히 위반하거나 임대차를 계속하기 어려운 중대한 사유가 있는 경우

② 임차인은 제1항에 따른 계약갱신요구권을 1회에 한하여 행사할 수 있다. 이 경우 갱신되는 임대차의 존속기간은 2년으로 본다.

③ 갱신되는 임대차는 전 임대차와 동일한 조건으로 다시 계약된 것으로 본다. 다만, 차임과 보증금은 제7조의 범위에서 증감할 수 있다.

④ 제1항에 따라 갱신되는 임대차의 해지에 관하여는 제6조의2를 준용한다.

⑤ 임대인이 제1항제8호의 사유로 갱신을 거절하였음에도 불구하고 갱신요구가 거절되지 아니하였더라면 갱신되었을 기간이 만료되기 전에 정당한 사유 없이 제3자에게 목적 주택을 임대한 경우 임대인은 갱신거절로 인하여 임차인이 입은 손해를 배상하여야 한다.

⑥ 제5항에 따른 손해배상액은 거절 당시 당사자 간에 손해배상액의 예정에 관한 합의가 이루어지지 않는 한 다음 각 호의 금액 중 큰 금액으로 한다.

1. 갱신거절 당시 월차임(차임 외에 보증금이 있는 경우에는 그 보증금을 제7조의2 각 호 중 낮은 비율에 따라 월 단위의 차임으로 전환한 금액을 포함한다. 이하 "환산월차임"이라 한다)의 3개월분에 해당하는 금액

2. 임대인이 제3자에게 임대하여 얻은 환산월차임과 갱신거절 당시 환산월차임 간 차액의 2년분에 해당하는 금액

3. 제1항제8호의 사유로 인한 갱신거절로 인하여 임차인이 입은 손해액

[본조신설 2020. 7. 31.]

**제7조(차임 등의 증감청구권)** ① 당사자는 약정한 차임이나 보증금이 임차주택에 관한 조세,

공과금, 그 밖의 부담의 증감이나 경제사정의 변동으로 인하여 적절하지 아니하게 된 때에는 장래에 대하여 그 증액을 청구할 수 있다. 이 경우 증액청구는 임대차계약 또는 약정한 차임이나 보증금의 증액이 있은 후 1년 이내에는 하지 못한다. 〈개정 2020. 7. 31.〉

② 제1항에 따른 증액청구는 약정한 차임이나 보증금의 20분의 1의 금액을 초과하지 못한다. 다만, 특별시·광역시·특별자치시·도 및 특별자치도는 관할 구역 내의 지역별 임대차 시장 여건 등을 고려하여 본문의 범위에서 증액청구의 상한을 조례로 달리 정할 수 있다. 〈신설 2020. 7. 31.〉

[전문개정 2008. 3. 21.]

**제7조의2(월차임 전환 시 산정률의 제한)** 보증금의 전부 또는 일부를 월 단위의 차임으로 전환하는 경우에는 그 전환되는 금액에 다음 각 호 중 낮은 비율을 곱한 월차임(月借賃)의 범위를 초과할 수 없다. 〈개정 2010. 5. 17., 2013. 8. 13., 2016. 5. 29.〉

1. 「은행법」에 따른 은행에서 적용하는 대출금리와 해당 지역의 경제 여건 등을 고려하여 대통령령으로 정하는 비율

2. 한국은행에서 공시한 기준금리에 대통령령으로 정하는 이율을 더한 비율

[전문개정 2008. 3. 21.]

**제8조(보증금 중 일정액의 보호)** ① 임차인은 보증금 중 일정액을 다른 담보물권자(擔保物權者)보다 우선하여 변제받을 권리가 있다. 이 경우 임차인은 주택에 대한 경매신청의 등기 전에 제3조제1항의 요건을 갖추어야 한다.

② 제1항의 경우에는 제3조의2제4항부터 제6항까지의 규정을 준용한다.

③ 제1항에 따라 우선변제를 받을 임차인 및 보증금 중 일정액의 범위와 기준은 제8조의2에 따른 주택임대차위원회의 심의를 거쳐 대통령령으로 정한다. 다만, 보증금 중 일정액의 범위와 기준은 주택가액(대지의 가액을 포함한다)의 2분의 1을 넘지 못한다. 〈개정 2009. 5. 8.〉

[전문개정 2008. 3. 21.]

**제8조의2(주택임대차위원회)** ① 제8조에 따라 우선변제를 받을 임차인 및 보증금 중 일정액의 범위와 기준을 심의하기 위하여 법무부에 주택임대차위원회(이하 "위원회"라 한다)를 둔다.

② 위원회는 위원장 1명을 포함한 9명 이상 15명 이하의 위원으로 성별을 고려하여 구성한다. 〈개정 2020. 7. 31.〉

③ 위원회의 위원장은 법무부차관이 된다.

④ 위원회의 위원은 다음 각 호의 어느 하나에 해당하는 사람 중에서 위원장이 임명하거나 위촉하되, 제1호부터 제5호까지에 해당하는 위원을 각각 1명 이상 임명하거나 위촉하여야 하고, 위원 중 2분의 1 이상은 제1호ㆍ제2호 또는 제6호에 해당하는 사람을 위촉하여야 한다. 〈개정 2013. 3. 23., 2020. 7. 31.〉

1. 법학ㆍ경제학 또는 부동산학 등을 전공하고 주택임대차 관련 전문지식을 갖춘 사람으로서 공인된 연구기관에서 조교수 이상 또는 이에 상당하는 직에 5년 이상 재직한 사람

2. 변호사ㆍ감정평가사ㆍ공인회계사ㆍ세무사 또는 공인중개사로서 5년 이상 해당 분야에서 종사하고 주택임대차 관련 업무경험이 풍부한 사람

3. 기획재정부에서 물가 관련 업무를 담당하는 고위공무원단에 속하는 공무원

4. 법무부에서 주택임대차 관련 업무를 담당하는 고위공무원단에 속하는 공무원(이에 상당하는 특정직 공무원을 포함한다)

5. 국토교통부에서 주택사업 또는 주거복지 관련 업무를 담당하는 고위공무원단에 속하는 공무원

6. 그 밖에 주택임대차 관련 학식과 경험이 풍부한 사람으로서 대통령령으로 정하는 사람

⑤ 그 밖에 위원회의 구성 및 운영 등에 필요한 사항은 대통령령으로 정한다.

[본조신설 2009. 5. 8.]

**제9조(주택 임차권의 승계)** ① 임차인이 상속인 없이 사망한 경우에는 그 주택에서 가정공동생활을 하던 사실상의 혼인 관계에 있는 자가 임차인의 권리와 의무를 승계한다.

② 임차인이 사망한 때에 사망 당시 상속인이 그 주택에서 가정공동생활을 하고 있지 아니한 경우에는 그 주택에서 가정공동생활을 하던 사실상의 혼인 관계에 있는 자와 2촌 이내의 친족이 공동으로 임차인의 권리와 의무를 승계한다.

③ 제1항과 제2항의 경우에 임차인이 사망한 후 1개월 이내에 임대인에게 제1항과 제2항에 따른 승계 대상자가 반대의사를 표시한 경우에는 그러하지 아니하다.

④ 제1항과 제2항의 경우에 임대차 관계에서 생긴 채권ㆍ채무는 임차인의 권리의무를 승계한 자에게 귀속된다.

[전문개정 2008. 3. 21.]

**제10조(강행규정)** 이 법에 위반된 약정(約定)으로서 임차인에게 불리한 것은 그 효력이 없다.

[전문개정 2008. 3. 21.]

**제10조의2(초과 차임 등의 반환청구)** 임차인이 제7조에 따른 증액비율을 초과하여 차임 또는 보증금을 지급하거나 제7조의2에 따른 월차임 산정률을 초과하여 차임을 지급한 경우에는 초과 지급된 차임 또는 보증금 상당금액의 반환을 청구할 수 있다.

[본조신설 2013. 8. 13.]

**제11조(일시사용을 위한 임대차)** 이 법은 일시사용하기 위한 임대차임이 명백한 경우에는 적용하지 아니한다.

[전문개정 2008. 3. 21.]

**제12조(미등기 전세에의 준용)** 주택의 등기를 하지 아니한 전세계약에 관하여는 이 법을 준용한다. 이 경우 "전세금"은 "임대차의 보증금"으로 본다.

[전문개정 2008. 3. 21.]

**제13조(「소액사건심판법」의 준용)** 임차인이 임대인에 대하여 제기하는 보증금반환청구소송에 관하여는 「소액사건심판법」 제6조, 제7조, 제10조 및 제11조의2를 준용한다.

[전문개정 2008. 3. 21.]

**제14조(주택임대차분쟁조정위원회)** ① 이 법의 적용을 받는 주택임대차와 관련된 분쟁을 심의·조정하기 위하여 대통령령으로 정하는 바에 따라 「법률구조법」 제8조에 따른 대한법률구조공단(이하 "공단"이라 한다)의 지부, 「한국토지주택공사법」에 따른 한국토지주택공사(이하 "공사"라 한다)의 지사 또는 사무소 및 「한국감정원법」에 따른 한국감정원(이하 "감정원"이라 한다)의 지사 또는 사무소에 주택임대차분쟁조정위원회(이하 "조정위원회"라 한다)를 둔다. 특별시·광역시·특별자치시·도 및 특별자치도(이하 "시·도"라 한다)는 그 지방자치단체의 실정을 고려하여 조정위원회를 둘 수 있다. 〈개정 2020. 7. 31.〉

② 조정위원회는 다음 각 호의 사항을 심의·조정한다.

1. 차임 또는 보증금의 증감에 관한 분쟁

2. 임대차 기간에 관한 분쟁

3. 보증금 또는 임차주택의 반환에 관한 분쟁

4. 임차주택의 유지·수선 의무에 관한 분쟁

5. 그 밖에 대통령령으로 정하는 주택임대차에 관한 분쟁

③ 조정위원회의 사무를 처리하기 위하여 조정위원회에 사무국을 두고, 사무국의 조직 및 인력 등에 필요한 사항은 대통령령으로 정한다.

④ 사무국의 조정위원회 업무담당자는 「상가건물 임대차보호법」 제20조에 따른 상가건물임대차분쟁조정위원회 사무국의 업무를 제외하고 다른 직위의 업무를 겸직하여서는 아니 된다.〈개정 2018. 10. 16.〉

[본조신설 2016. 5. 29.]

**제15조(예산의 지원)** 국가는 조정위원회의 설치·운영에 필요한 예산을 지원할 수 있다.

[본조신설 2016. 5. 29.]

**제16조(조정위원회의 구성 및 운영)** ① 조정위원회는 위원장 1명을 포함하여 5명 이상 30명 이하의 위원으로 성별을 고려하여 구성한다.〈개정 2020. 7. 31.〉

② 조정위원회의 위원은 조정위원회를 두는 기관에 따라 공단 이사장, 공사 사장, 감정원 원장 또는 조정위원회를 둔 지방자치단체의 장이 각각 임명하거나 위촉한다.〈개정 2020. 7. 31.〉

③ 조정위원회의 위원은 주택임대차에 관한 학식과 경험이 풍부한 사람으로서 다음 각 호의 어느 하나에 해당하는 사람으로 한다. 이 경우 제1호부터 제4호까지에 해당하는 위원을 각 1명 이상 위촉하여야 하고, 위원 중 5분의 2 이상은 제2호에 해당하는 사람이어야 한다.

1. 법학·경제학 또는 부동산학 등을 전공하고 대학이나 공인된 연구기관에서 부교수 이상 또는 이에 상당하는 직에 재직한 사람

2. 판사·검사 또는 변호사로 6년 이상 재직한 사람

3. 감정평가사·공인회계사·법무사 또는 공인중개사로서 주택임대차 관계 업무에 6년 이상 종사한 사람

4. 「사회복지사업법」에 따른 사회복지법인과 그 밖의 비영리법인에서 주택임대차분쟁에 관한 상담에 6년 이상 종사한 경력이 있는 사람

5. 해당 지방자치단체에서 주택임대차 관련 업무를 담당하는 4급 이상의 공무원

6. 그 밖에 주택임대차 관련 학식과 경험이 풍부한 사람으로서 대통령령으로 정하는 사람

④ 조정위원회의 위원장은 제3항제2호에 해당하는 위원 중에서 위원들이 호선한다.

⑤ 조정위원회위원장은 조정위원회를 대표하여 그 직무를 총괄한다.

⑥ 조정위원회위원장이 부득이한 사유로 직무를 수행할 수 없는 경우에는 조정위원회위원장이 미리 지명한 조정위원이 그 직무를 대행한다.

⑦ 조정위원의 임기는 3년으로 하되 연임할 수 있으며, 보궐위원의 임기는 전임자의 남은 임

기로 한다.

⑧ 조정위원회는 조정위원회위원장 또는 제3항제2호에 해당하는 조정위원 1명 이상을 포함한 재적위원 과반수의 출석과 출석위원 과반수의 찬성으로 의결한다.

⑨ 그 밖에 조정위원회의 설치, 구성 및 운영 등에 필요한 사항은 대통령령으로 정한다.

[본조신설 2016. 5. 29.]

**제17조(조정부의 구성 및 운영)** ① 조정위원회는 분쟁의 효율적 해결을 위하여 3명의 조정위원으로 구성된 조정부를 둘 수 있다.

② 조정부에는 제16조제3항제2호에 해당하는 사람이 1명 이상 포함되어야 하며, 그 중에서 조정위원회위원장이 조정부의 장을 지명한다.

③ 조정부는 다음 각 호의 사항을 심의 · 조정한다.

1. 제14조제2항에 따른 주택임대차분쟁 중 대통령령으로 정하는 금액 이하의 분쟁

2. 조정위원회가 사건을 특정하여 조정부에 심의 · 조정을 위임한 분쟁

④ 조정부는 조정부의 장을 포함한 재적위원 과반수의 출석과 출석위원 과반수의 찬성으로 의결한다.

⑤ 제4항에 따라 조정부가 내린 결정은 조정위원회가 결정한 것으로 본다.

⑥ 그 밖에 조정부의 설치, 구성 및 운영 등에 필요한 사항은 대통령령으로 정한다.

[본조신설 2016. 5. 29.]

**제18조(조정위원의 결격사유)** 「국가공무원법」 제33조 각 호의 어느 하나에 해당하는 사람은 조정위원이 될 수 없다.

[본조신설 2016. 5. 29.]

**제19조(조정위원의 신분보장)** ① 조정위원은 자신의 직무를 독립적으로 수행하고 주택임대차분쟁의 심리 및 판단에 관하여 어떠한 지시에도 구속되지 아니한다.

② 조정위원은 다음 각 호의 어느 하나에 해당하는 경우를 제외하고는 그 의사에 반하여 해임 또는 해촉되지 아니한다.

1. 제18조에 해당하는 경우

2. 신체상 또는 정신상의 장애로 직무를 수행할 수 없게 된 경우

[본조신설 2016. 5. 29.]

**제20조(조정위원의 제척 등)** ① 조정위원이 다음 각 호의 어느 하나에 해당하는 경우 그 직무

의 집행에서 제척된다.

1. 조정위원 또는 그 배우자나 배우자이었던 사람이 해당 분쟁사건의 당사자가 되는 경우

2. 조정위원이 해당 분쟁사건의 당사자와 친족관계에 있거나 있었던 경우

3. 조정위원이 해당 분쟁사건에 관하여 진술, 감정 또는 법률자문을 한 경우

4. 조정위원이 해당 분쟁사건에 관하여 당사자의 대리인으로서 관여하거나 관여하였던 경우

② 사건을 담당한 조정위원에게 제척의 원인이 있는 경우에는 조정위원회는 직권 또는 당사자의 신청에 따라 제척의 결정을 한다.

③ 당사자는 사건을 담당한 조정위원에게 공정한 직무집행을 기대하기 어려운 사정이 있는 경우 조정위원회에 기피신청을 할 수 있다.

④ 기피신청에 관한 결정은 조정위원회가 하고, 해당 조정위원 및 당사자 쌍방은 그 결정에 불복하지 못한다.

⑤ 제3항에 따른 기피신청이 있는 때에는 조정위원회는 그 신청에 대한 결정이 있을 때까지 조정절차를 정지하여야 한다.

⑥ 조정위원은 제1항 또는 제3항에 해당하는 경우 조정위원회의 허가를 받지 아니하고 해당 분쟁사건의 직무집행에서 회피할 수 있다.

[본조신설 2016. 5. 29.]

**제21조(조정의 신청 등)** ① 제14조제2항 각 호의 어느 하나에 해당하는 주택임대차분쟁의 당사자는 해당 주택이 소재하는 지역을 관할하는 조정위원회에 분쟁의 조정을 신청할 수 있다. 〈개정 2020. 7. 31.〉

② 조정위원회는 신청인이 조정을 신청할 때 조정 절차 및 조정의 효력 등 분쟁조정에 관하여 대통령령으로 정하는 사항을 안내하여야 한다.

③ 조정위원회의 위원장은 다음 각 호의 어느 하나에 해당하는 경우 신청을 각하한다. 이 경우 그 사유를 신청인에게 통지하여야 한다. 〈개정 2020. 6. 9.〉

1. 이미 해당 분쟁조정사항에 대하여 법원에 소가 제기되거나 조정 신청이 있은 후 소가 제기된 경우

2. 이미 해당 분쟁조정사항에 대하여 「민사조정법」에 따른 조정이 신청된 경우나 조정신청이 있은 후 같은 법에 따른 조정이 신청된 경우

3. 이미 해당 분쟁조정사항에 대하여 이 법에 따른 조정위원회에 조정이 신청된 경우나 조정

신청이 있은 후 조정이 성립된 경우

4. 조정신청 자체로 주택임대차에 관한 분쟁이 아님이 명백한 경우

5. 피신청인이 조정절차에 응하지 아니한다는 의사를 통지한 경우

6. 신청인이 정당한 사유 없이 조사에 응하지 아니하거나 2회 이상 출석요구에 응하지 아니한 경우

[본조신설 2016. 5. 29.]

**제22조(조정절차)** ① 조정위원회의 위원장은 신청인으로부터 조정신청을 접수한 때에는 지체 없이 조정절차를 개시하여야 한다. 〈개정 2020. 6. 9.〉

② 조정위원회의 위원장은 제1항에 따라 조정신청을 접수하면 피신청인에게 조정신청서를 송달하여야 한다. 이 경우 제21조제2항을 준용한다. 〈개정 2020. 6. 9.〉

③ 조정서류의 송달 등 조정절차에 관하여 필요한 사항은 대통령령으로 정한다.

[본조신설 2016. 5. 29.]

**제23조(처리기간)** ① 조정위원회는 분쟁의 조정신청을 받은 날부터 60일 이내에 그 분쟁조정을 마쳐야 한다. 다만, 부득이한 사정이 있는 경우에는 조정위원회의 의결을 거쳐 30일의 범위에서 그 기간을 연장할 수 있다.

② 조정위원회는 제1항 단서에 따라 기간을 연장한 경우에는 기간 연장의 사유와 그 밖에 기간 연장에 관한 사항을 당사자에게 통보하여야 한다.

[본조신설 2016. 5. 29.]

**제24조(조사 등)** ① 조정위원회는 조정을 위하여 필요하다고 인정하는 경우 신청인, 피신청인, 분쟁 관련 이해관계인 또는 참고인에게 출석하여 진술하게 하거나 조정에 필요한 자료나 물건 등을 제출하도록 요구할 수 있다.

② 조정위원회는 조정을 위하여 필요하다고 인정하는 경우 조정위원 또는 사무국의 직원으로 하여금 조정 대상물 및 관련 자료에 대하여 조사하게 하거나 자료를 수집하게 할 수 있다. 이 경우 조정위원이나 사무국의 직원은 그 권한을 표시하는 증표를 지니고 이를 관계인에게 내보여야 한다.

③ 조정위원회위원장은 특별시장, 광역시장, 특별자치시장, 도지사 및 특별자치도지사(이하 "시·도지사"라 한다)에게 해당 조정업무에 참고하기 위하여 인근지역의 확정일자 자료, 보증금의 월차임 전환율 등 적정 수준의 임대료 산정을 위한 자료를 요청할 수 있다. 이 경우

시 · 도지사는 정당한 사유가 없으면 조정위원회위원장의 요청에 따라야 한다.

[본조신설 2016. 5. 29.]

**제25조(조정을 하지 아니하는 결정)** ① 조정위원회는 해당 분쟁이 그 성질상 조정을 하기에 적당하지 아니하다고 인정하거나 당사자가 부당한 목적으로 조정을 신청한 것으로 인정할 때에는 조정을 하지 아니할 수 있다.

② 조정위원회는 제1항에 따라 조정을 하지 아니하기로 결정하였을 때에는 그 사실을 당사자에게 통지하여야 한다.

[본조신설 2016. 5. 29.]

**제26조(조정의 성립)** ① 조정위원회가 조정안을 작성한 경우에는 그 조정안을 지체 없이 각 당사자에게 통지하여야 한다.

② 제1항에 따라 조정안을 통지받은 당사자가 통지받은 날부터 14일 이내에 수락의 의사를 서면으로 표시하지 아니한 경우에는 조정을 거부한 것으로 본다. 〈개정 2020. 6. 9.〉

③ 제2항에 따라 각 당사자가 조정안을 수락한 경우에는 조정안과 동일한 내용의 합의가 성립된 것으로 본다.

④ 제3항에 따른 합의가 성립한 경우 조정위원회위원장은 조정안의 내용을 조정서로 작성한다. 조정위원회위원장은 각 당사자 간에 금전, 그 밖의 대체물의 지급 또는 부동산의 인도에 관하여 강제집행을 승낙하는 취지의 합의가 있는 경우에는 그 내용을 조정서에 기재하여야 한다.

[본조신설 2016. 5. 29.]

**제27조(집행력의 부여)** 제26조제4항 후단에 따라 강제집행을 승낙하는 취지의 내용이 기재된 조정서의 정본은 「민사집행법」 제56조에도 불구하고 집행력 있는 집행권원과 같은 효력을 가진다. 다만, 청구에 관한 이의의 주장에 대하여는 같은 법 제44조제2항을 적용하지 아니한다.

[본조신설 2016. 5. 29.]

**제28조(비밀유지의무)** 조정위원, 사무국의 직원 또는 그 직에 있었던 자는 다른 법률에 특별한 규정이 있는 경우를 제외하고는 직무상 알게 된 정보를 타인에게 누설하거나 직무상 목적 외에 사용하여서는 아니 된다.

[본조신설 2016. 5. 29.]

**제29조(다른 법률의 준용)** 조정위원회의 운영 및 조정절차에 관하여 이 법에서 규정하지 아니한 사항에 대하여는 「민사조정법」을 준용한다.

[본조신설 2016. 5. 29.]

**제30조(주택임대차표준계약서 사용)** 주택임대차계약을 서면으로 체결할 때에는 법무부장관이 국토교통부장관과 협의하여 정하는 주택임대차표준계약서를 우선적으로 사용한다. 다만, 당사자가 다른 서식을 사용하기로 합의한 경우에는 그러하지 아니하다. 〈개정 2020. 7. 31.〉

[본조신설 2016. 5. 29.]

**제31조(벌칙 적용에서 공무원 의제)** 공무원이 아닌 주택임대차위원회의 위원 및 주택임대차분쟁조정위원회의 위원은 「형법」 제127조, 제129조부터 제132조까지의 규정을 적용할 때에는 공무원으로 본다.

[본조신설 2016. 5. 29.]


**부칙** 〈제17470호, 2020. 7. 31.〉

**제1조(시행일)** 이 법은 공포한 날부터 시행한다. 다만, 제8조의2제2항·제4항, 제14조제1항, 제16조제1항·제2항, 제21조제1항 및 제30조의 개정규정은 공포 후 3개월이 경과한 날부터 시행한다.

**제2조(계약갱신 요구 등에 관한 적용례)** ① 제6조의3 및 제7조의 개정규정은 이 법 시행 당시 존속 중인 임대차에 대하여도 적용한다.

② 제1항에도 불구하고 이 법 시행 전에 임대인이 갱신을 거절하고 제3자와 임대차계약을 체결한 경우에는 이를 적용하지 아니한다.

# 상가건물 임대차보호법 (약칭: 상가임대차법)

[시행 2022. 1. 4.] [법률 제18675호, 2022. 1. 4., 일부개정]

법무부(법무심의관실) 02-2110-3164

국토교통부(부동산산업과) 044-201-3412, 3418

**제1조(목적)** 이 법은 상가건물 임대차에 관하여 「민법」에 대한 특례를 규정하여 국민 경제생활의 안정을 보장함을 목적으로 한다.

[전문개정 2009. 1. 30.]

**제2조(적용범위)** ① 이 법은 상가건물(제3조제1항에 따른 사업자등록의 대상이 되는 건물을 말한다)의 임대차(임대차 목적물의 주된 부분을 영업용으로 사용하는 경우를 포함한다)에 대하여 적용한다. 다만, 제14조의2에 따른 상가건물임대차위원회의 심의를 거쳐 대통령령으로 정하는 보증금액을 초과하는 임대차에 대하여는 그러하지 아니하다. 〈개정 2020. 7. 31.〉

② 제1항 단서에 따른 보증금액을 정할 때에는 해당 지역의 경제 여건 및 임대차 목적물의 규모 등을 고려하여 지역별로 구분하여 규정하되, 보증금 외에 차임이 있는 경우에는 그 차임액에 「은행법」에 따른 은행의 대출금리 등을 고려하여 대통령령으로 정하는 비율을 곱하여 환산한 금액을 포함하여야 한다. 〈개정 2010. 5. 17.〉

③ 제1항 단서에도 불구하고 제3조, 제10조제1항, 제2항, 제3항 본문, 제10조의2부터 제10조의9까지의 규정, 제11조의2 및 제19조는 제1항 단서에 따른 보증금액을 초과하는 임대차에 대하여도 적용한다. 〈신설 2013. 8. 13., 2015. 5. 13., 2020. 9. 29., 2022. 1. 4.〉

[전문개정 2009. 1. 30.]

**제3조(대항력 등)** ① 임대차는 그 등기가 없는 경우에도 임차인이 건물의 인도와 「부가가치세법」 제8조, 「소득세법」 제168조 또는 「법인세법」 제111조에 따른 사업자등록을 신청하면 그 다음 날부터 제3자에 대하여 효력이 생긴다. 〈개정 2013. 6. 7.〉

② 임차건물의 양수인(그 밖에 임대할 권리를 승계한 자를 포함한다)은 임대인의 지위를 승계한 것으로 본다.

③ 이 법에 따라 임대차의 목적이 된 건물이 매매 또는 경매의 목적물이 된 경우에는 「민법」 제575조제1항·제3항 및 제578조를 준용한다.

④ 제3항의 경우에는 「민법」 제536조를 준용한다.

[전문개정 2009. 1. 30.]

**제4조(확정일자 부여 및 임대차정보의 제공 등)** ① 제5조제2항의 확정일자는 상가건물의 소재지 관할 세무서장이 부여한다.

② 관할 세무서장은 해당 상가건물의 소재지, 확정일자 부여일, 차임 및 보증금 등을 기재한 확정일자부를 작성하여야 한다. 이 경우 전산정보처리조직을 이용할 수 있다.

③ 상가건물의 임대차에 이해관계가 있는 자는 관할 세무서장에게 해당 상가건물의 확정일자 부여일, 차임 및 보증금 등 정보의 제공을 요청할 수 있다. 이 경우 요청을 받은 관할 세무서장은 정당한 사유 없이 이를 거부할 수 없다.

④ 임대차계약을 체결하려는 자는 임대인의 동의를 받아 관할 세무서장에게 제3항에 따른 정보제공을 요청할 수 있다.

⑤ 확정일자부에 기재하여야 할 사항, 상가건물의 임대차에 이해관계가 있는 자의 범위, 관할 세무서장에게 요청할 수 있는 정보의 범위 및 그 밖에 확정일자 부여사무와 정보제공 등에 필요한 사항은 대통령령으로 정한다.

[전문개정 2015. 5. 13.]

**제5조(보증금의 회수)** ① 임차인이 임차건물에 대하여 보증금반환청구소송의 확정판결, 그 밖에 이에 준하는 집행권원에 의하여 경매를 신청하는 경우에는 「민사집행법」 제41조에도 불구하고 반대의무의 이행이나 이행의 제공을 집행개시의 요건으로 하지 아니한다.

② 제3조제1항의 대항요건을 갖추고 관할 세무서장으로부터 임대차계약서상의 확정일자를 받은 임차인은 「민사집행법」에 따른 경매 또는 「국세징수법」에 따른 공매 시 임차건물(임대인 소유의 대지를 포함한다)의 환가대금에서 후순위권리자나 그 밖의 채권자보다 우선하여 보증금을 변제받을 권리가 있다.

③ 임차인은 임차건물을 양수인에게 인도하지 아니하면 제2항에 따른 보증금을 받을 수 없다.

④ 제2항 또는 제7항에 따른 우선변제의 순위와 보증금에 대하여 이의가 있는 이해관계인은 경매법원 또는 체납처분청에 이의를 신청할 수 있다. 〈개정 2013. 8. 13.〉

⑤ 제4항에 따라 경매법원에 이의를 신청하는 경우에는 「민사집행법」 제152조부터 제161조까지의 규정을 준용한다.

⑥ 제4항에 따라 이의신청을 받은 체납처분청은 이해관계인이 이의신청일부터 7일 이내에

임차인 또는 제7항에 따라 우선변제권을 승계한 금융기관 등을 상대로 소(訴)를 제기한 것을 증명한 때에는 그 소송이 종결될 때까지 이의가 신청된 범위에서 임차인 또는 제7항에 따라 우선변제권을 승계한 금융기관 등에 대한 보증금의 변제를 유보(留保)하고 남은 금액을 배분하여야 한다. 이 경우 유보된 보증금은 소송 결과에 따라 배분한다. 〈개정 2013. 8. 13.〉

⑦ 다음 각 호의 금융기관 등이 제2항, 제6조제5항 또는 제7조제1항에 따른 우선변제권을 취득한 임차인의 보증금반환채권을 계약으로 양수한 경우에는 양수한 금액의 범위에서 우선변제권을 승계한다. 〈신설 2013. 8. 13., 2016. 5. 29.〉

1. 「은행법」에 따른 은행

2. 「중소기업은행법」에 따른 중소기업은행

3. 「한국산업은행법」에 따른 한국산업은행

4. 「농업협동조합법」에 따른 농협은행

5. 「수산업협동조합법」에 따른 수협은행

6. 「우체국예금·보험에 관한 법률」에 따른 체신관서

7. 「보험업법」 제4조제1항제2호라목의 보증보험을 보험종목으로 허가받은 보험회사

8. 그 밖에 제1호부터 제7호까지에 준하는 것으로서 대통령령으로 정하는 기관

⑧ 제7항에 따라 우선변제권을 승계한 금융기관 등(이하 "금융기관등"이라 한다)은 다음 각 호의 어느 하나에 해당하는 경우에는 우선변제권을 행사할 수 없다. 〈신설 2013. 8. 13.〉

1. 임차인이 제3조제1항의 대항요건을 상실한 경우

2. 제6조제5항에 따른 임차권등기가 말소된 경우

3. 「민법」 제621조에 따른 임대차등기가 말소된 경우

⑨ 금융기관등은 우선변제권을 행사하기 위하여 임차인을 대리하거나 대위하여 임대차를 해지할 수 없다. 〈신설 2013. 8. 13.〉

[전문개정 2009. 1. 30.]

**제6조(임차권등기명령)** ① 임대차가 종료된 후 보증금이 반환되지 아니한 경우 임차인은 임차건물의 소재지를 관할하는 지방법원, 지방법원지원 또는 시·군법원에 임차권등기명령을 신청할 수 있다. 〈개정 2013. 8. 13.〉

② 임차권등기명령을 신청할 때에는 다음 각 호의 사항을 기재하여야 하며, 신청 이유 및 임차권등기의 원인이 된 사실을 소명하여야 한다.

1. 신청 취지 및 이유

2. 임대차의 목적인 건물(임대차의 목적이 건물의 일부분인 경우에는 그 부분의 도면을 첨부한다)

3. 임차권등기의 원인이 된 사실(임차인이 제3조제1항에 따른 대항력을 취득하였거나 제5조제2항에 따른 우선변제권을 취득한 경우에는 그 사실)

4. 그 밖에 대법원규칙으로 정하는 사항

③ 임차권등기명령의 신청에 대한 재판, 임차권등기명령의 결정에 대한 임대인의 이의신청 및 그에 대한 재판, 임차권등기명령의 취소신청 및 그에 대한 재판 또는 임차권등기명령의 집행 등에 관하여는 「민사집행법」 제280조제1항, 제281조, 제283조, 제285조, 제286조, 제288조제1항·제2항 본문, 제289조, 제290조제2항 중 제288조제1항에 대한 부분, 제291조, 제293조를 준용한다. 이 경우 "가압류"는 "임차권등기"로, "채권자"는 "임차인"으로, "채무자"는 "임대인"으로 본다.

④ 임차권등기명령신청을 기각하는 결정에 대하여 임차인은 항고할 수 있다.

⑤ 임차권등기명령의 집행에 따른 임차권등기를 마치면 임차인은 제3조제1항에 따른 대항력과 제5조제2항에 따른 우선변제권을 취득한다. 다만, 임차인이 임차권등기 이전에 이미 대항력 또는 우선변제권을 취득한 경우에는 그 대항력 또는 우선변제권이 그대로 유지되며, 임차권등기 이후에는 제3조제1항의 대항요건을 상실하더라도 이미 취득한 대항력 또는 우선변제권을 상실하지 아니한다.

⑥ 임차권등기명령의 집행에 따른 임차권등기를 마친 건물(임대차의 목적이 건물의 일부분인 경우에는 그 부분으로 한정한다)을 그 이후에 임차한 임차인은 제14조에 따른 우선변제를 받을 권리가 없다.

⑦ 임차권등기의 촉탁, 등기관의 임차권등기 기입 등 임차권등기명령의 시행에 관하여 필요한 사항은 대법원규칙으로 정한다.

⑧ 임차인은 제1항에 따른 임차권등기명령의 신청 및 그에 따른 임차권등기와 관련하여 든 비용을 임대인에게 청구할 수 있다.

⑨ 금융기관등은 임차인을 대위하여 제1항의 임차권등기명령을 신청할 수 있다. 이 경우 제3항·제4항 및 제8항의 "임차인"은 "금융기관등"으로 본다. 〈신설 2013. 8. 13.〉

[전문개정 2009. 1. 30.]

**제7조(「민법」에 따른 임대차등기의 효력 등)** ① 「민법」 제621조에 따른 건물임대차등기의 효력에 관하여는 제6조제5항 및 제6항을 준용한다.

② 임차인이 대항력 또는 우선변제권을 갖추고 「민법」 제621조제1항에 따라 임대인의 협력을 얻어 임대차등기를 신청하는 경우에는 신청서에 「부동산등기법」 제74조제1호부터 제6호까지의 사항 외에 다음 각 호의 사항을 기재하여야 하며, 이를 증명할 수 있는 서면(임대차의 목적이 건물의 일부분인 경우에는 그 부분의 도면을 포함한다)을 첨부하여야 한다. 〈개정 2011. 4. 12., 2020. 2. 4.〉

1. 사업자등록을 신청한 날

2. 임차건물을 점유한 날

3. 임대차계약서상의 확정일자를 받은 날

[전문개정 2009. 1. 30.]

**제8조(경매에 의한 임차권의 소멸)** 임차권은 임차건물에 대하여 「민사집행법」에 따른 경매가 실시된 경우에는 그 임차건물이 매각되면 소멸한다. 다만, 보증금이 전액 변제되지 아니한 대항력이 있는 임차권은 그러하지 아니하다.

[전문개정 2009. 1. 30.]

**제9조(임대차기간 등)** ① 기간을 정하지 아니하거나 기간을 1년 미만으로 정한 임대차는 그 기간을 1년으로 본다. 다만, 임차인은 1년 미만으로 정한 기간이 유효함을 주장할 수 있다.

② 임대차가 종료한 경우에도 임차인이 보증금을 돌려받을 때까지는 임대차 관계는 존속하는 것으로 본다.

[전문개정 2009. 1. 30.]

**제10조(계약갱신 요구 등)** ① 임대인은 임차인이 임대차기간이 만료되기 6개월 전부터 1개월 전까지 사이에 계약갱신을 요구할 경우 정당한 사유 없이 거절하지 못한다. 다만, 다음 각 호의 어느 하나의 경우에는 그러하지 아니하다. 〈개정 2013. 8. 13.〉

1. 임차인이 3기의 차임액에 해당하는 금액에 이르도록 차임을 연체한 사실이 있는 경우

2. 임차인이 거짓이나 그 밖의 부정한 방법으로 임차한 경우

3. 서로 합의하여 임대인이 임차인에게 상당한 보상을 제공한 경우

4. 임차인이 임대인의 동의 없이 목적 건물의 전부 또는 일부를 전대(轉貸)한 경우

5. 임차인이 임차한 건물의 전부 또는 일부를 고의나 중대한 과실로 파손한 경우

6. 임차한 건물의 전부 또는 일부가 멸실되어 임대차의 목적을 달성하지 못할 경우

7. 임대인이 다음 각 목의 어느 하나에 해당하는 사유로 목적 건물의 전부 또는 대부분을 철
  거하거나 재건축하기 위하여 목적 건물의 점유를 회복할 필요가 있는 경우

　가. 임대차계약 체결 당시 공사시기 및 소요기간 등을 포함한 철거 또는 재건축 계획을 임
  　　차인에게 구체적으로 고지하고 그 계획에 따르는 경우

　나. 건물이 노후 · 훼손 또는 일부 멸실되는 등 안전사고의 우려가 있는 경우

　다. 다른 법령에 따라 철거 또는 재건축이 이루어지는 경우

8. 그 밖에 임차인이 임차인으로서의 의무를 현저히 위반하거나 임대차를 계속하기 어려운
  중대한 사유가 있는 경우

② 임차인의 계약갱신요구권은 최초의 임대차기간을 포함한 전체 임대차기간이 10년을 초
과하지 아니하는 범위에서만 행사할 수 있다. 〈개정 2018. 10. 16.〉

③ 갱신되는 임대차는 전 임대차와 동일한 조건으로 다시 계약된 것으로 본다. 다만, 차임과
보증금은 제11조에 따른 범위에서 증감할 수 있다.

④ 임대인이 제1항의 기간 이내에 임차인에게 갱신 거절의 통지 또는 조건 변경의 통지를 하
지 아니한 경우에는 그 기간이 만료된 때에 전 임대차와 동일한 조건으로 다시 임대차한 것
으로 본다. 이 경우에 임대차의 존속기간은 1년으로 본다. 〈개정 2009. 5. 8.〉

⑤ 제4항의 경우 임차인은 언제든지 임대인에게 계약해지의 통고를 할 수 있고, 임대인이 통
고를 받은 날부터 3개월이 지나면 효력이 발생한다.

[전문개정 2009. 1. 30.]

**제10조의2(계약갱신의 특례)** 제2조제1항 단서에 따른 보증금액을 초과하는 임대차의 계약갱
  신의 경우에는 당사자는 상가건물에 관한 조세, 공과금, 주변 상가건물의 차임 및 보증금, 그
  밖의 부담이나 경제사정의 변동 등을 고려하여 차임과 보증금의 증감을 청구할 수 있다.

　[본조신설 2013. 8. 13.]

**제10조의3(권리금의 정의 등)** ① 권리금이란 임대차 목적물인 상가건물에서 영업을 하는 자 또
  는 영업을 하려는 자가 영업시설 · 비품, 거래처, 신용, 영업상의 노하우, 상가건물의 위치에
  따른 영업상의 이점 등 유형 · 무형의 재산적 가치의 양도 또는 이용대가로서 임대인, 임차인
  에게 보증금과 차임 이외에 지급하는 금전 등의 대가를 말한다.

② 권리금 계약이란 신규임차인이 되려는 자가 임차인에게 권리금을 지급하기로 하는 계약

을 말한다.

[본조신설 2015. 5. 13.]

**제10조의4(권리금 회수기회 보호 등)** ① 임대인은 임대차기간이 끝나기 6개월 전부터 임대차 종료 시까지 다음 각 호의 어느 하나에 해당하는 행위를 함으로써 권리금 계약에 따라 임차 인이 주선한 신규임차인이 되려는 자로부터 권리금을 지급받는 것을 방해하여서는 아니 된 다. 다만, 제10조제1항 각 호의 어느 하나에 해당하는 사유가 있는 경우에는 그러하지 아니 하다. 〈개정 2018. 10. 16.〉

1. 임차인이 주선한 신규임차인이 되려는 자에게 권리금을 요구하거나 임차인이 주선한 신 규임차인이 되려는 자로부터 권리금을 수수하는 행위

2. 임차인이 주선한 신규임차인이 되려는 자로 하여금 임차인에게 권리금을 지급하지 못하 게 하는 행위

3. 임차인이 주선한 신규임차인이 되려는 자에게 상가건물에 관한 조세, 공과금, 주변 상가 건물의 차임 및 보증금, 그 밖의 부담에 따른 금액에 비추어 현저히 고액의 차임과 보증금 을 요구하는 행위

4. 그 밖에 정당한 사유 없이 임대인이 임차인이 주선한 신규임차인이 되려는 자와 임대차계 약의 체결을 거절하는 행위

② 다음 각 호의 어느 하나에 해당하는 경우에는 제1항제4호의 정당한 사유가 있는 것으로 본다.

1. 임차인이 주선한 신규임차인이 되려는 자가 보증금 또는 차임을 지급할 자력이 없는 경우

2. 임차인이 주선한 신규임차인이 되려는 자가 임차인으로서의 의무를 위반할 우려가 있거 나 그 밖에 임대차를 유지하기 어려운 상당한 사유가 있는 경우

3. 임대차 목적물인 상가건물을 1년 6개월 이상 영리목적으로 사용하지 아니한 경우

4. 임대인이 선택한 신규임차인이 임차인과 권리금 계약을 체결하고 그 권리금을 지급한 경우

③ 임대인이 제1항을 위반하여 임차인에게 손해를 발생하게 한 때에는 그 손해를 배상할 책 임이 있다. 이 경우 그 손해배상액은 신규임차인이 임차인에게 지급하기로 한 권리금과 임대 차 종료 당시의 권리금 중 낮은 금액을 넘지 못한다.

④ 제3항에 따라 임대인에게 손해배상을 청구할 권리는 임대차가 종료한 날부터 3년 이내에 행사하지 아니하면 시효의 완성으로 소멸한다.

⑤ 임차인은 임대인에게 임차인이 주선한 신규임차인이 되려는 자의 보증금 및 차임을 지급할 자력 또는 그 밖에 임차인으로서의 의무를 이행할 의사 및 능력에 관하여 자신이 알고 있는 정보를 제공하여야 한다.

[본조신설 2015. 5. 13.]

**제10조의5(권리금 적용 제외)** 제10조의4는 다음 각 호의 어느 하나에 해당하는 상가건물 임대차의 경우에는 적용하지 아니한다. 〈개정 2018. 10. 16.〉

1. 임대차 목적물인 상가건물이 「유통산업발전법」 제2조에 따른 대규모점포 또는 준대규모점포의 일부인 경우(다만, 「전통시장 및 상점가 육성을 위한 특별법」 제2조제1호에 따른 전통시장은 제외한다)

2. 임대차 목적물인 상가건물이 「국유재산법」에 따른 국유재산 또는 「공유재산 및 물품 관리법」에 따른 공유재산인 경우

[본조신설 2015. 5. 13.]

**제10조의6(표준권리금계약서의 작성 등)** 국토교통부장관은 법무부장관과 협의를 거쳐 임차인과 신규임차인이 되려는 자의 권리금 계약 체결을 위한 표준권리금계약서를 정하여 그 사용을 권장할 수 있다. 〈개정 2020. 7. 31.〉

[본조신설 2015. 5. 13.]

**제10조의7(권리금 평가기준의 고시)** 국토교통부장관은 권리금에 대한 감정평가의 절차와 방법 등에 관한 기준을 고시할 수 있다.

[본조신설 2015. 5. 13.]

**제10조의8(차임연체와 해지)** 임차인의 차임연체액이 3기의 차임액에 달하는 때에는 임대인은 계약을 해지할 수 있다.

[본조신설 2015. 5. 13.]

**제10조의9(계약 갱신요구 등에 관한 임시 특례)** 임차인이 이 법(법률 제17490호 상가건물 임대차보호법 일부개정법률을 말한다) 시행일부터 6개월까지의 기간 동안 연체한 차임액은 제10조제1항제1호, 제10조의4제1항 단서 및 제10조의8의 적용에 있어서는 차임연체액으로 보지 아니한다. 이 경우 연체한 차임액에 대한 임대인의 그 밖의 권리는 영향을 받지 아니한다.

[본조신설 2020. 9. 29.]

**제11조(차임 등의 증감청구권)** ① 차임 또는 보증금이 임차건물에 관한 조세, 공과금, 그 밖의

부담의 증감이나 「감염병의 예방 및 관리에 관한 법률」 제2조제2호에 따른 제1급감염병 등에 의한 경제사정의 변동으로 인하여 상당하지 아니하게 된 경우에는 당사자는 장래의 차임 또는 보증금에 대하여 증감을 청구할 수 있다. 그러나 증액의 경우에는 대통령령으로 정하는 기준에 따른 비율을 초과하지 못한다. 〈개정 2020. 9. 29.〉

② 제1항에 따른 증액 청구는 임대차계약 또는 약정한 차임 등의 증액이 있은 후 1년 이내에는 하지 못한다.

③ 「감염병의 예방 및 관리에 관한 법률」 제2조제2호에 따른 제1급감염병에 의한 경제사정의 변동으로 차임 등이 감액된 후 임대인이 제1항에 따라 증액을 청구하는 경우에는 증액된 차임 등이 감액 전 차임 등의 금액에 달할 때까지는 같은 항 단서를 적용하지 아니한다. 〈신설 2020. 9. 29.〉

[전문개정 2009. 1. 30.]

**제11조의2(폐업으로 인한 임차인의 해지권)** ① 임차인은 「감염병의 예방 및 관리에 관한 법률」 제49조제1항제2호에 따른 집합 제한 또는 금지 조치(같은 항 제2호의2에 따라 운영시간을 제한한 조치를 포함한다)를 총 3개월 이상 받음으로써 발생한 경제사정의 중대한 변동으로 폐업한 경우에는 임대차계약을 해지할 수 있다.

② 제1항에 따른 해지는 임대인이 계약해지의 통고를 받은 날부터 3개월이 지나면 효력이 발생한다.

[본조신설 2022. 1. 4.]

**제12조(월 차임 전환 시 산정률의 제한)** 보증금의 전부 또는 일부를 월 단위의 차임으로 전환하는 경우에는 그 전환되는 금액에 다음 각 호 중 낮은 비율을 곱한 월 차임의 범위를 초과할 수 없다. 〈개정 2010. 5. 17., 2013. 8. 13.〉

1. 「은행법」에 따른 은행의 대출금리 및 해당 지역의 경제 여건 등을 고려하여 대통령령으로 정하는 비율

2. 한국은행에서 공시한 기준금리에 대통령령으로 정하는 배수를 곱한 비율

[전문개정 2009. 1. 30.]

**제13조(전대차관계에 대한 적용 등)** ① 제10조, 제10조의2, 제10조의8, 제10조의9(제10조 및 제10조의8에 관한 부분으로 한정한다), 제11조 및 제12조는 전대인(轉貸人)과 전차인(轉借人)의 전대차관계에 적용한다. 〈개정 2015. 5. 13., 2020. 9. 29.〉

② 임대인의 동의를 받고 전대차계약을 체결한 전차인은 임차인의 계약갱신요구권 행사기간 이내에 임차인을 대위(代位)하여 임대인에게 계약갱신요구권을 행사할 수 있다.

[전문개정 2009. 1. 30.]

**제14조(보증금 중 일정액의 보호)** ① 임차인은 보증금 중 일정액을 다른 담보물권자보다 우선하여 변제받을 권리가 있다. 이 경우 임차인은 건물에 대한 경매신청의 등기 전에 제3조제1항의 요건을 갖추어야 한다.

② 제1항의 경우에 제5조제4항부터 제6항까지의 규정을 준용한다.

③ 제1항에 따라 우선변제를 받을 임차인 및 보증금 중 일정액의 범위와 기준은 임대건물가액(임대인 소유의 대지가액을 포함한다)의 2분의 1 범위에서 해당 지역의 경제 여건, 보증금 및 차임 등을 고려하여 제14조의2에 따른 상가건물임대차위원회의 심의를 거쳐 대통령령으로 정한다. 〈개정 2013. 8. 13., 2020. 7. 31.〉

[전문개정 2009. 1. 30.]

**제14조의2(상가건물임대차위원회)** ① 상가건물 임대차에 관한 다음 각 호의 사항을 심의하기 위하여 법무부에 상가건물임대차위원회(이하 "위원회"라 한다)를 둔다.

1. 제2조제1항 단서에 따른 보증금액

2. 제14조에 따라 우선변제를 받을 임차인 및 보증금 중 일정액의 범위와 기준

② 위원회는 위원장 1명을 포함한 10명 이상 15명 이하의 위원으로 성별을 고려하여 구성한다.

③ 위원회의 위원장은 법무부차관이 된다.

④ 위원회의 위원은 다음 각 호의 어느 하나에 해당하는 사람 중에서 위원장이 임명하거나 위촉하되, 제1호부터 제6호까지에 해당하는 위원을 각각 1명 이상 임명하거나 위촉하여야 하고, 위원 중 2분의 1 이상은 제1호ㆍ제2호 또는 제7호에 해당하는 사람을 위촉하여야 한다.

1. 법학ㆍ경제학 또는 부동산학 등을 전공하고 상가건물 임대차 관련 전문지식을 갖춘 사람으로서 공인된 연구기관에서 조교수 이상 또는 이에 상당하는 직에 5년 이상 재직한 사람

2. 변호사ㆍ감정평가사ㆍ공인회계사ㆍ세무사 또는 공인중개사로서 5년 이상 해당 분야에서 종사하고 상가건물 임대차 관련 업무경험이 풍부한 사람

3. 기획재정부에서 물가 관련 업무를 담당하는 고위공무원단에 속하는 공무원

4. 법무부에서 상가건물 임대차 관련 업무를 담당하는 고위공무원단에 속하는 공무원(이에

상당하는 특정직공무원을 포함한다)

5. 국토교통부에서 상가건물 임대차 관련 업무를 담당하는 고위공무원단에 속하는 공무원

6. 중소벤처기업부에서 소상공인 관련 업무를 담당하는 고위공무원단에 속하는 공무원

7. 그 밖에 상가건물 임대차 관련 학식과 경험이 풍부한 사람으로서 대통령령으로 정하는 사람

⑤ 그 밖에 위원회의 구성 및 운영 등에 필요한 사항은 대통령령으로 정한다.

[본조신설 2020. 7. 31.]

**제15조(강행규정)** 이 법의 규정에 위반된 약정으로서 임차인에게 불리한 것은 효력이 없다.

[전문개정 2009. 1. 30.]

**제16조(일시사용을 위한 임대차)** 이 법은 일시사용을 위한 임대차임이 명백한 경우에는 적용하지 아니한다.

[전문개정 2009. 1. 30.]

**제17조(미등기전세에의 준용)** 목적건물을 등기하지 아니한 전세계약에 관하여 이 법을 준용한다. 이 경우 "전세금"은 "임대차의 보증금"으로 본다.

[전문개정 2009. 1. 30.]

**제18조(「소액사건심판법」의 준용)** 임차인이 임대인에게 제기하는 보증금반환청구소송에 관하여는 「소액사건심판법」 제6조·제7조·제10조 및 제11조의2를 준용한다.

[전문개정 2009. 1. 30.]

**제19조(표준계약서의 작성 등)** 법무부장관은 국토교통부장관과 협의를 거쳐 보증금, 차임액, 임대차기간, 수선비 분담 등의 내용이 기재된 상가건물임대차표준계약서를 정하여 그 사용을 권장할 수 있다. 〈개정 2020. 7. 31.〉

[본조신설 2015. 5. 13.]

**제20조(상가건물임대차분쟁조정위원회)** ① 이 법의 적용을 받는 상가건물 임대차와 관련된 분쟁을 심의·조정하기 위하여 대통령령으로 정하는 바에 따라 「법률구조법」 제8조에 따른 대한법률구조공단의 지부, 「한국토지주택공사법」에 따른 한국토지주택공사의 지사 또는 사무소 및 「한국감정원법」에 따른 한국감정원의 지사 또는 사무소에 상가건물임대차분쟁조정위원회(이하 "조정위원회"라 한다)를 둔다. 특별시·광역시·특별자치시·도 및 특별자치도는 그 지방자치단체의 실정을 고려하여 조정위원회를 둘 수 있다. 〈개정 2020. 7. 31.〉

② 조정위원회는 다음 각 호의 사항을 심의·조정한다.

1. 차임 또는 보증금의 증감에 관한 분쟁

2. 임대차 기간에 관한 분쟁

3. 보증금 또는 임차상가건물의 반환에 관한 분쟁

4. 임차상가건물의 유지 · 수선 의무에 관한 분쟁

5. 권리금에 관한 분쟁

6. 그 밖에 대통령령으로 정하는 상가건물 임대차에 관한 분쟁

③ 조정위원회의 사무를 처리하기 위하여 조정위원회에 사무국을 두고, 사무국의 조직 및 인력 등에 필요한 사항은 대통령령으로 정한다.

④ 사무국의 조정위원회 업무담당자는 「주택임대차보호법」 제14조에 따른 주택임대차분쟁조정위원회 사무국의 업무를 제외하고 다른 직위의 업무를 겸직하여서는 아니 된다.

[본조신설 2018. 10. 16.]

**제21조(주택임대차분쟁조정위원회 준용)** 조정위원회에 대하여는 이 법에 규정한 사항 외에는 주택임대차분쟁조정위원회에 관한 「주택임대차보호법」 제14조부터 제29조까지의 규정을 준용한다. 이 경우 "주택임대차분쟁조정위원회"는 "상가건물임대차분쟁조정위원회"로 본다.

[본조신설 2018. 10. 16.]

**제22조(벌칙 적용에서 공무원 의제)** 공무원이 아닌 상가건물임대차위원회의 위원 및 상가건물임대차분쟁조정위원회의 위원은 「형법」 제127조, 제129조부터 제132조까지의 규정을 적용할 때에는 공무원으로 본다. 〈개정 2020. 7. 31.〉

[본조신설 2018. 10. 16.]

**부칙** 〈제18675호, 2022. 1. 4.〉

**제1조**(시행일) 이 법은 공포한 날부터 시행한다.

**제2조**(임차인의 해지권에 관한 적용례) 제11조의2의 개정규정은 이 법 시행 당시 존속 중인 임대차에 대해서도 적용한다.

> 이 계약서는 법무부가 국토교통부·서울시 및 관련 전문가들과 함께 민법, 주택임대차보호법, 공인중개사법 등 관계법령에 근거하여 만들었습니다. 법의 보호를 받기 위해 【중요확인사항】(별지1)을 꼭 확인하시기 바랍니다.

# 주택임대차표준계약서

□보증금 있는 월세
□전세  □월세

| 임대인( )과 임차인( )은 아래와 같이 임대차 계약을 체결한다 |
|---|

## [임차주택의 표시]

| 소 재 지 | (도로명주소) | | | | |
|---|---|---|---|---|---|
| 토 지 | 지목 | | 면적 | | m² |
| 건 물 | 구조·용도 | | 면적 | | m² |
| 임차할부분 | 상세주소가 있는 경우 동·층·호 정확히 기재 | | 면적 | | m² |
| 계약의종류 | □ 신규 계약 | | □ 합의에 의한 재계약 | | |
| | □「주택임대차보호법」제6조의3의 계약갱신요구권 행사에 의한 갱신계약 | | | | |
| | * 갱신 전 임대차계약 기간 및 금액 | | | | |
| | 계약 기간: ~ 보증금: 원, 차임: 월 원 | | | | |

| 미납 국세·지방세 | 선순위 확정일자 현황 | 확정일자 부여란 |
|---|---|---|
| □ 없음<br>(임대인 서명 또는 날인 ㊞) | □ 해당 없음<br>(임대인 서명 또는 날인 ㊞) | |
| □ 있음(중개대상물 확인·설명서 제2쪽 II. 개업공인<br>중개사 세부 확인사항 '⑨ 실제 권리관계 또는 공시되<br>지 않은 물건의 권리사항'에 기재) | □ 해당 있음(중개대상물 확인·설명서 제2쪽 II. 개<br>업공인중개사 세부 확인사항 '⑨ 실제 권리관계 또는<br>공시되지 않은 물건의 권리사항'에 기재) | ※ 주택임대차계약서를 제출하고 임대차 신고의<br>접수를 완료한 경우에는 별도로 확정일자 부여<br>를 신청할 필요가 없습니다. |

## [계약내용]

**제1조(보증금과 차임)** 위 부동산의 임대차에 관하여 임대인과 임차인은 합의에 의하여 보증금 및 차임을 아래와 같이 지불하기로 한다.

| 보 증 금 | 금 | | 원정(₩ ) | | | | |
|---|---|---|---|---|---|---|---|
| 계 약 금 | 금 | 원정(₩ | )은 계약시에 지불하고 영수함. 영수자 ( 인) | | | | |
| 중 도 금 | 금 | 원정(₩ | )은 년 월 일에 지불하며 | | | | |
| 잔 금 | 금 | 원정(₩ | )은 년 월 일에 지불한다 | | | | |
| 차임(월세) | 금 | 원정은 매월 | 일에 지불한다(입금계좌: ) | | | | |

**제2조(임대차기간)** 임대인은 임차주택을 임대차 목적대로 사용·수익할 수 있는 상태로 ___년 ___월 ___일까지 임차인에게 인도하고, 임대차기간은 인도일로부터 ___년 ___월 ___일까지로 한다.

**제3조(입주 전 수리)** 임대인과 임차인은 임차주택의 수리가 필요한 시설물 및 비용부담에 관하여 다음과 같이 합의한다.

| 수리 필요 시설 | □ 없음 □ 있음(수리할 내용: ) |
|---|---|
| 수리 완료 시기 | □ 잔금지급 기일인 ___년 ___월 ___일까지 □ 기타 ( ) |
| 약정한 수리 완료 시기<br>까지 미 수리한 경우 | □ 수리비를 임차인이 임대인에게 지급하여야 할 보증금 또는 차임에서 공제<br>□ 기타 ( ) |

**제4조(임차주택의 사용·관리·수선)** ① 임차인은 임대인의 동의 없이 임차주택의 구조변경 및 전대나 임차권 양도를 할 수 없으며, 임대차 목적인 주거 이외의 용도로 사용할 수 없다.

② 임대인은 계약 존속 중 임차주택을 사용·수익에 필요한 상태로 유지하여야 하고, 임차인은 임대인이 임차주택의 보존에 필요한 행위를 하는 때 이를 거절하지 못한다.

③ 임대인과 임차인은 계약 존속 중에 발생하는 임차주택의 수리 및 비용부담에 관하여 다음과 같이 합의한다. 다만, 합의되지 아니한 기타 수선비용에 관한 부담은 민법, 판례 기타 관습에 따른다.

| 임대인부담 | (예컨대, 난방, 상·하수도, 전기시설 등 임차주택의 주요설비에 대한 노후·불량으로 인한 수선은 민법 제623조, 판례<br>상 임대인이 부담하는 것으로 해석됨) |
|---|---|
| 임차인부담 | (예컨대, 임차인의 고의·과실에 기한 파손, 전구 등 통상의 간단한 수선, 소모품 교체 비용은 민법 제623조, 판례상<br>임차인이 부담하는 것으로 해석됨) |

④ 임차인이 임대인의 부담에 속하는 수선비용을 지출한 때에는 임대인에게 그 상환을 청구할 수 있다.

**제5조(계약의 해제)** 임차인이 임대인에게 중도금(중도금이 없을 때는 잔금)을 지급하기 전까지, 임대인은 계약금의 배액을 상환하고, 임차인은 계약금을 포기하고 이 계약을 해제할 수 있다.

**제6조(채무불이행과 손해배상)** 당사자 일방이 채무를 이행하지 아니하는 때에는 상대방은 상당한 기간을 정하여 그 이행을 최고하고 계약을 해제할 수 있으며, 그로 인한 손해배상을 청구할 수 있다. 다만, 채무자가 미리 이행하지 아니할 의사를 표시한 경우의 계약해제는 최고를 요하지 아니한다.

**제7조(계약의 해지)** ① 임차인은 본인의 과실 없이 임차주택의 일부가 멸실 기타 사유로 인하여 임대차의 목적대로 사용할 수 없는 경우에는 계약을 해지할 수 있다.

② 임대인은 임차인이 2기의 차임액에 달하도록 연체하거나, 제4조 제1항을 위반한 경우 계약을 해지할 수 있다.

**제8조(갱신요구와 거절)** ① 임차인은 임대차기간이 끝나기 6개월 전부터 2개월 전까지의 기간에 계약갱신을 요구할 수 있다. 다만, 임대인은 자신 또는 그 직계존속·직계비속의 실거주 등 주택임대차보호법 제6조의3 제1항 각 호의 사유가 있는 경우에 한하여 계약갱신의 요구를 거절할 수 있다.     ※ 별지2) 계약갱신 거절통지서 양식 사용 가능

② 임대인이 주택임대차보호법 제6조의3 제1항 제8호에 따른 실거주를 사유로 갱신을 거절하였음에도 불구하고 갱신요구가 거절되지 아니하였더라면 갱신되었을 기간이 만료되기 전에 정당한 사유 없이 제3자에게 주택을 임대한 경우, 임대인은 갱신거절로 인하여 임차인이 입은 손해를 배상하여야 한다.

③ 제2항에 따른 손해배상액은 주택임대차보호법 제6조의3 제6항에 의한다.

**제9조(계약의 종료)** 임대차계약이 종료된 경우에 임차인은 임차주택을 원래의 상태로 복구하여 임대인에게 반환하고, 이와 동시에 임대인은 보증금을 임차인에게 반환하여야 한다. 다만, 시설물의 노후화나 통상 생길 수 있는 파손 등은 임차인의 원상복구의무에 포함되지 아니한다.

**제10조(비용의 정산)** ① 임차인은 계약종료 시 공과금과 관리비를 정산하여야 한다.

② 임차인은 이미 납부한 관리비 중 장기수선충당금을 임대인(소유자인 경우)에게 반환 청구할 수 있다. 다만, 관리사무소 등 관리주체가 장기수선충당금을 정산하는 경우에는 그 관리주체에게 청구할 수 있다.

**제11조(분쟁의 해결)** 임대인과 임차인은 본 주택임대차계약과 관련한 분쟁이 발생하는 경우, 당사자 간의 협의 또는 주택임대차분쟁조정위원회의 조정을 통해 호혜적으로 해결하기 위해 노력한다.

**제12조(중개보수 등)** 중개보수는 거래 가액의 _____% 인 _____원(□ 부가가치세 포함 □ 불포함)으로 임대인과 임차인이 각각 부담한다. 다만, 개업공인중개사의 고의 또는 과실로 인하여 중개의뢰인간의 거래행위가 무효·취소 또는 해제된 경우에는 그러하지 아니하다.

**제13조(중개대상물확인·설명서 교부)** 개업공인중개사는 중개대상물 확인·설명서를 작성하고 업무보증관계증서 (공제증서등) 사본을 첨부하여 _____년 _____월 _____일 임대인과 임차인에게 각각 교부한다.

**[특약사항]**

• 주택 임대차 계약과 관련하여 분쟁이 있는 경우 임대인 또는 임차인은 법원에 소를 제기하기 전에 먼저 주택임대차 분쟁조정위원회에 조정을 신청한다 ( □ 동의    □ 미동의)

   ※ 주택임대차분쟁조정위원회 조정을 통할 경우 60일(최대 90일) 이내 신속하게 조정 결과를 받아볼 수 있습니다.

• 주택의 철거 또는 재건축에 관한 구체적 계획 ( □ 없음    □ 있음 ※공사시기 :      ※ 소요기간 :      개월)

• 상세주소가 없는 경우 임차인의 상세주소부여 신청에 대한 소유자 동의여부 ( □ 동의    □ 미동의)

※ 기타 임차인의 대항력·우선변제권 확보를 위한 사항, 관리비·전기료 납부방법 등 특별히 임대인과 임차인이 약정할 사항이 있으면 기재
- [대항력과 우선변제권 확보 관련 예시] "주택을 인도받은 임차인은 \_\_\_\_\_년 \_\_\_\_월 \_\_\_\_일까지 주민등록(전입신고)과 주택임대차계약서상 확정일자를 받기로 하고, 임대인은 \_\_\_\_\_년 \_\_\_\_월 \_\_\_\_일(최소한 임차인의 위 약정일자 이틀 후부터 가능)에 저당권 등 담보권을 설정할 수 있다"는 등 당사자 사이 합의에 의한 특약 가능

본 계약을 증명하기 위하여 계약 당사자가 이의 없음을 확인하고 각각 서명날인 후 임대인, 임차인, 개업공인중개사는 매 장마다 간인하여, 각각 1통씩 보관한다.     년     월     일

| 임대인 | 주 소 | | | | | 서명 또는 날인인 |
|---|---|---|---|---|---|---|
| | 주민등록번호 | | 전 화 | | 성 명 | |
| | 대 리 인 | 주소 | | 주민등록번호 | 성 명 | |
| 임차인 | 주 소 | | | | | 서명 또는 날인인 |
| | 주민등록번호 | | 전 화 | | 성 명 | |
| | 대 리 인 | 주소 | | 주민등록번호 | 성 명 | |
| 개업공인중개사 | 사무소소재지 | | | 사무소소재지 | | |
| | 사 무 소 명칭 | | | 사 무 소 명칭 | | |
| | 대 표 | 서명 및 날인 | 인 | 대 표 | 서명 및 날인 | 인 |
| | 등 록 번 호 | | 전화 | 등 록 번 호 | | 전화 | 인 |
| | 소속공인중개사 | 서명 및 날인 | 인 | 소속공인중개사 | 서명 및 날인 | 인 |

주택임대차 관련 분쟁은 전문가로 구성된 대한법률구조공단, 한국토지주택공사, 한국부동산원, 지방자치단체에 설치된
주택임대차분쟁조정위원회에서 신속하고 효율적으로 해결할 수 있습니다.

별지1)

## 법의 보호를 받기 위한 중요사항! 반드시 확인하세요

### < 계약 체결 시 꼭 확인하세요 >

**【대항력 및 우선변제권 확보】**

① 임차인이 **주택의 인도와 주민등록**을 마친 때에는 그 다음날부터 제3자에게 임차권을 주장할 수 있고, 계약서에 **확정일자까지** 받으면 후순위권리자나 그 밖의 채권자에 우선하여 변제받을 수 있으며, 주택의 점유와 주민등록은 임대차 기간 중 계속 유지하고 있어야 합니다.

② **등기사항증명서, 미납국세·지방세, 다가구주택 확정일자 현황** 등을 반드시 확인하여 선순위 권리자 및 금액을 확인하고 계약 체결여부를 결정하여야 보증금을 지킬 수 있습니다.

※ 임차인은 임대인의 동의를 받아 미납국세·지방세는 관할 세무서에서, 확정일자 현황은 관할 주민센터·등기소에서 확인할 수 있습니다.

**【임대차 신고의무 및 확정일자 부여 의제】**

① 수도권 전역, 광역시, 세종시 및 도(道)의 시(市) 지역에서 보증금 6천만원 또는 월차임 30만원을 초과하여 주택임대차계약을 체결(금액의 변동이 있는 재계약·갱신계약 포함)한 경우, 임대인과 임차인은 계약체결일로부터 30일 이내에 시군구청에 해당 계약을 공동(계약서 제출하는 경우 단독신고 가능)으로 신고하여야 합니다.

② 주택임대차계약서를 제출하고 임대차 신고의 접수를 완료한 경우, 임대차 신고필증상 접수완료일에 확정일자가 부여된 것으로 간주되므로, 별도로 확정일자 부여를 신청할 필요가 없습니다.

### < 계약기간 중 꼭 확인하세요 >

**【차임증액청구】**

계약기간 중이나 임차인의 계약갱신요구권 행사로 인한 갱신 시 차임·보증금을 증액하는 경우에는 기존 차임·보증금의 5%를 초과하여 증액하지 못하고, 계약체결 또는 약정한 차임 등의 증액이 있은 후 1년 이내에는 하지 못합니다.

**【묵시적 갱신 등】**

① 임대인은 임대차기간이 끝나기 6개월부터 2개월* 전까지, 임차인은 2개월 전까지 각 상대방에게 계약을 종료하겠다거나 조건을 변경하여 재계약을 하겠다는 취지의 통지를 하지 않으면 종전 임대차와 동일한 조건으로 자동 갱신됩니다.

  * 기존 규정은 1개월이고, '20. 12. 10. 이후 최초로 체결되거나 갱신된 계약의 경우 2개월이 적용됩니다.

② 제1항에 따라 갱신된 임대차의 존속기간은 2년입니다. 이 경우, 임차인은 언제든지 계약을 해지할 수 있지만 임대인은 계약서 제7조의 사유 또는 임차인과의 합의가 있어야 계약을 해지할 수 있습니다.

**【계약갱신요구 등】**

① 임차인이 임대차기간이 만료되기 6개월 전부터 2개월* 전까지 사이에 계약갱신을 요구할 경우 임대인은 정당한 사유 없이 거절하지 못하고, 갱신거절 시 별지 2에 게재된 계약갱신 거절통지서 양식을 활용할 수 있습니다.

  * 기존 규정은 1개월이고, '20. 12. 10. 이후 최초로 체결되거나 갱신된 계약의 경우 2개월이 적용됩니다.

② 임차인은 계약갱신요구권을 1회에 한하여 행사할 수 있고, 이 경우 갱신되는 임대차의 존속기간은 2년, 나머지 조건은 전 임대차와 동일한 조건으로 다시 계약된 것으로 봅니다. 다만, 차임과 보증금의 증액은 청구 당시의 차임 또는 보증금 액수의 100분의 5를 초과하지 아니하는 범위에서만 가능합니다.

③ 묵시적 갱신이나 합의에 의한 재계약의 경우 임차인이 갱신요구권을 사용한 것으로 볼 수 없으므로, 임차인은 주택임대차보호법에 따라 임대기간 중 1회로 한정되어 인정되는 갱신요구권을 차후에 사용할 수 있습니다.

### < 계약종료 시 꼭 확인하세요 >

**【보증금액 증액시 확정일자 날인】**

계약기간 중 보증금을 증액하거나, 재계약 또는 계약갱신 과정에서 보증금을 증액한 경우에는 증액된 보증금액에 대한 우선변제권을 확보하기 위하여 반드시 다시 확정일자를 받아야 합니다.

■ 민간임대주택에 관한 특별법 시행규칙 [별지 제24호서식] <개정 2022. 1. 14.>

# 표준임대차계약서

(6쪽 중 1쪽)

임대사업자와 임차인은 아래의 같이 임대차계약을 체결하고 이를 증명하기 위해 계약서 2통을 작성하여 임대사업자와 임차인이 각각 서명 또는 날인한 후 각각 1통씩 보관한다.

※ 개업공인중개사가 임대차계약서를 작성하는 경우에는 계약서 3통을 작성하여 임대사업자, 임차인, 개업공인중개사가 각각 서명 또는 날인한 후 각각 1통씩 보관한다.

계약일: 　년　　월　　일

## 1. 계약 당사자

| | | | | |
|---|---|---|---|---|
| 임대사업자 | 성명(법인명) | | | (서명 또는 인) |
| | 주소<br>(대표 사무소 소재지) | | | |
| | 주민등록번호<br>(사업자등록번호) | | 전화번호 | |
| | 임대사업자<br>등록번호 | | | |
| 임차인 | 성명(법인명) | | | (서명 또는 인) |
| | 주소 | | | |
| | 주민등록번호 | | 전화번호 | |

## 2. 공인중개사(개업공인중개사가 계약서를 작성하는 경우 해당)

| | | | | |
|---|---|---|---|---|
| 개업공인<br>중개사 | 사무소 명칭 | | | |
| | 대표자 성명 | | | (서명 및 인) |
| | 사무소 소재지 | | | |
| | 등록번호 | | 전화번호 | |

◆ 해당 주택은 「민간임대주택에 관한 특별법」에 따라 임대사업자가 시장·군수·구청장에게 등록한 민간임대주택으로서 다음과 같은 사항이 적용됩니다.

ㅇ 임대의무기간 중 민간임대주택 양도 제한(「민간임대주택에 관한 특별법」 제43조)
- 임대사업자는 「민간임대주택에 관한 특별법 시행령」 제34조제1항에 따른 시점부터 「민간임대주택에 관한 특별법」 제2조제4호 또는 제5호에 따른 기간 동안 해당 민간임대주택을 계속 임대해야 하며, 그 기간 동안에는 양도가 제한됩니다.

ㅇ 임대료 증액 제한(「민간임대주택에 관한 특별법」 제44조)
- 임대사업자는 해당 민간임대주택에 대한 임대료의 증액을 청구하는 경우 임대료의 5퍼센트의 범위에서 주거비 물가지수, 인근 지역의 임대료 변동률, 임대주택 세대수 등을 고려하여 「민간임대주택에 관한 특별법 시행령」 제34조의2에 따른 증액비율을 초과하여 청구할 수 없습니다. 또한, 임대차계약 또는 임대료 증액이 있은 후 1년 이내에는 그 임대료를 증액할 수 없습니다.

ㅇ 임대차계약의 해제·해지 등 제한(「민간임대주택에 관한 특별법」 제45조)
- 임대사업자는 임차인이 의무를 위반하거나 임대차를 계속하기 어려운 경우 등의 사유가 발생한 때를 제외하고는 임대사업자로 등록되어 있는 기간 동안 임대차계약을 해제 또는 해지하거나 재계약을 거절할 수 없습니다.
- 임차인은 시장·군수·구청장이 임대주택에 거주하기 곤란한 정도의 중대한 하자가 있다고 인정하는 경우 등에 해당하면 임대의무기간 동안에도 임대차계약을 해제·해지할 수 있습니다.

210mm×297mm[백상지 80g/㎡]

## 3. 민간임대주택의 표시

| 주택 소재지 | | | | |
|---|---|---|---|---|
| 주택 유형 | 아파트[ ] 연립주택[ ] 다세대주택[ ] 다가구주택[ ] 그 밖의 주택[ ] | | | |
| 민간임대주택<br>면적<br>( ㎡ ) | 주거전용면적 | 공용면적 | | 합계 |
| | | 주거공용면적 | 그 밖의 공용면적<br>(지하주차장 면적을<br>포함한다) | |
| 민간임대주택의 종류 | 공공지원[ ] (□10년, □8년)<br>장기일반[ ] (□10년, □8년)<br>그 밖의 유형 [ ] | 건설[ ]<br>매입[ ] | 임대의무<br>기간<br>개시일 | 년 월 . 일 |
| 100세대 이상 민간임<br>대주택단지 해당 여부 | 예 [ ] 아니오 [ ]<br>* 임대료 증액 시 「민간임대주택에 관한 특별법 시행령」 제34조의2제1호에 따른<br>기준 적용 | | | |
| 민간임대주택에<br>딸린 부대시설·<br>복리시설의 종류 | | | | |
| 선순위 담보권 등<br>권리관계<br>설정 여부 | 없음[ ] | 있음[ ]<br>-선순위 담보권 등 권리관계의 종류:<br>-설정금액:<br>-설정일자: | | |
| 국세·지방세<br>체납사실 | 없음[ ] | 있음[ ] | | |
| 임대보증금<br>보증 가입 여부 | 가입[ ] 일부가입[ ]<br><br>- 보증대상 금액: | 미가입[ ]<br>- 사유 : □ 가입대상 금액이 0원 이하<br>□ 가입 면제 대상( )<br>□ 가입 거절<br>□ 그 밖의 사유( ) | | |

* 주택 면적 산정방법은 「주택법 시행규칙」 제2조, 「주택공급에 관한 규칙」 제21조제5항에 따른다.
* 민간임대주택의 종류 중 그 밖의 유형에는 단기민간임대주택(3·4·5년), 준공공임대주택(8·10년), 기업형임대<br>주택 중 하나를 적는다.
* 선순위 담보권 등 권리관계는 제한물권, 압류·가압류·가처분 등에 관한 사항을 말한다.
* 임대보증금 보증가입대상 금액은 「민간임대주택에 관한 특별법」 제49조에 따른다.
* 보증가입대상의 미가입 사유에는 선순위 담보권 설정금액과 임대보증금을 합한 금액이 주택가격의 100분의 60보다<br>적은 경우(「민간임대주택에 관한 특별법」 제49조제3항), 가입 면제 대상(「민간임대주택에 관한 특별법」 제49조<br>제7항) 및 가입 거절 등의 사유를 적는다.

## 4. 계약조건

**제1조(임대보증금, 월임대료 및 임대차 계약기간)** ① 임대사업자는 위 주택의 임대보증금, 월임대료(이하 "<br>임대료"라 한다) 및 임대차 계약기간을 아래와 같이 정하여 임차인에게 임대한다.

| 구분 | 임대보증금 | | 월임대료 | |
|---|---|---|---|---|
| 금액 | 금 | 원정(₩ ) | 금 | 원정(₩ ) |
| 임대차<br>계약기간 | 년 월 일 ~ 년 월 일 | | | |

② 임차인은 제1항의 임대보증금에 대하여 아래와 같이 임대사업자에게 지급하기로 한다.

| 계약금 | 금 | 원정(₩ )은 계약 시에 지급 | | |
|---|---|---|---|---|
| 중도금 | 금 | 원정(₩ )은 | 년 월 | 일에 지급 |
| 잔 금 | 금 | 원정(₩ )은 | 년 월 | 일에 지급 |
| 계좌번호 | | 은행 | | 예금주 |

③ 임차인은 제1항과 제2항에 따른 임대보증금을 이자 없이 임대사업자에게 예치한다.
④ 임차인은 제2항의 지급기한까지 임대보증금을 내지 않는 경우에는 연체이율(연 %)을 적용하여 계산<br>한 연체료를 더하여 내야 한다. 이 경우 연체이율은 한국은행에서 발표하는 예금은행 주택담보대출의 가중<br>평균금리에 「은행법」에 따른 은행으로서 가계자금 대출시장의 점유율이 최상위인 금융기관의 연체가산율을 합<br>산한 이율을 고려하여 결정한다.

⑤ 임차인은 당월 분의 월임대료를 매달 말일까지 내야하며, 이를 내지 않을 경우에는 연체된 금액에 제4항에 따른 연체요율을 적용하여 계산한 연체료를 더하여 내야 한다.

**제2조(민간임대주택의 입주일)** 위 주택의 입주일은    년   월   일부터 년   월   일까지로 한다.

**제3조(월임대료의 계산)** ① 임대기간이 월의 첫날부터 시작되지 않거나 월의 말일에 끝나지 않는 경우에는 그 임대기간이 시작되거나 끝나는 월의 임대료는 일할로 산정한다.

② 입주 월의 월임대료는 입주일(제2조에 따른 입주일을 정한 경우 입주일)부터 계산한다. 다만, 입주지정기간이 지나 입주하는 경우에는 입주지정기간이 끝난 날부터 계산한다.

**제4조(관리비와 사용료)** ① 임차인이 임대주택에 대한 관리비와 사용료를 임대사업자 또는 임대사업자가 지정한 관리주체에게 납부해야 하는 경우에는 특약으로 정하는 기한까지 내야하며, 이를 내지 않을 경우에는 임대사업자는 임차인으로 하여금 연체된 금액에 대해 제1조제4항에 따른 연체요율을 적용하여 계산한 연체료를 더하여 내게 할 수 있다.

② 임대사업자는 관리비와 사용료를 징수할 때에는 관리비와 사용료의 부과 명세서를 첨부하여 임차인에게 이를 낼 것을 통지해야 한다.

**제5조(임대 조건 등의 변경)** 임대사업자와 임차인은 다음 각 호의 어느 하나에 해당할 경우에는 임대보증금, 임대료, 관리비, 사용료 등 모든 납부금액을 조정할 수 있다. 다만, **임대료의 조정은 「민간임대주택에 관한 특별법」** 및 **「주택임대차보호법」**을 위반해서는 안 되고, 「민간임대주택에 관한 특별법」 제44조에 따라 임대료 증액청구는 임대료의 5퍼센트의 범위에서 주거비 물가지수, 인근 지역의 임대료 변동률, 임대주택 세대수 등을 고려하여 같은 법 시행령 제34조의2에 따라 정하는 증액비율을 초과하여 청구할 수 없으며, 임대차계약 또는 임대료 증액이 있은 후 1년 이내에는 그 임대료를 증액하지 못한다.

1. 물가, 그 밖의 경제적 여건의 변동이 있을 때
2. 임대사업자가 임대하는 주택 상호간 또는 인근 유사지역의 민간임대주택 간에 임대조건의 균형상 조정할 필요가 있을 때
3. 민간임대주택 및 부대시설 및 부지의 가격에 현저한 변동이 있을 때

---

100세대 이상 민간임대주택단지는 임대료 증액 시 직전 임대료의 5퍼센트의 범위에서 다음의 기준을 적용받음(「민간임대주택에 관한 특별법 시행령」 제34조의2제1호)
1. 「통계법」에 따라 통계청장이 고시하는 지출목적별 소비자물가지수 항목 중 해당 임대주택이 소재한 특별시, 광역시, 특별자치시, 도 또는 특별자치도의 주택임차료, 주거시설 유지·보수 및 기타 주거관련 서비스 지수를 가중 평균한 값의 변동률. 다만, 임대료의 5퍼센트 범위에서 시·군·자치구의 조례로 해당 시·군·자치구에서 적용하는 비율을 정하고 있는 경우에는 그에 따름.
2. 구체적인 산정방법은 임대등록시스템(렌트홈, www.renthome.go.kr) "100세대 이상 민간임대주택단지 임대료 산정기준" 참조

---

**제6조(임차인의 금지행위)** 임차인은 다음 각 호의 어느 하나에 해당하는 행위를 해서는 안 된다.
1. 임대사업자의 동의 없이 무단으로 임차권을 양도하거나 민간임대주택을 타인에게 전대하는 행위
2. 민간임대주택 및 그 부대시설을 개축·증축 또는 변경하거나 본래의 용도가 아닌 용도로 사용하는 행위
3. 민간임대주택 및 그 부대시설을 파손 또는 멸실하는 행위
4. 민간임대주택 및 그 부대시설의 유지·관리를 위하여 임대사업자와 임차인이 합의한 사항을 위반하는 행위

**제7조(임차인의 의무)** 임차인은 위 주택을 선량한 관리자로서 유지·관리해야 한다.

**제8조(민간임대주택 관리의 범위)** 위 주택의 공용부분과 그 부대시설 및 복리시설은 임대사업자 또는 임대사업자가 지정한 주택관리업자가 관리하고, 주택과 그 내부시설은 임차인이 관리한다.

**제9조(민간임대주택의 수선·유지 및 보수의 한계)** ① 위 주택의 보수와 수선은 임대사업자의 부담으로 하되, 위 주택의 전용부분과 그 내부시설물을 임차인이 파손하거나 멸실한 부분 또는 소모성 자재(「공동주택관리법 시행규칙」 별표 1의 장기수선계획의 수립기준상 수선주기가 6년 이내인 자재를 말한다)의 보수주기에서의 보수 또는 수선은 임차인의 부담으로 한다.

② 제1항에 따른 소모성 자재와 소모성 자재 외의 소모성 자재의 종류와 그 종류별 보수주기는 특약으로 따로 정할 수 있다. 다만, 벽지·장판·전등기구 및 콘센트의 보수주기는 다음 각 호에 따른다.

1. 벽지 및 장판: 10년(변색·훼손·오염 등이 심한 경우에는 6년으로 하며, 적치물의 제거에 임차인이 협조한 경우만 해당한다)
2. 전등기구 및 콘센트: 10년. 다만, 훼손 등을 이유로 안전상의 위험이 우려되는 경우에는 조기 교체해야 한다.

**제10조(임대차계약의 해제 및 해지)** ① 임차인이 다음 각 호의 어느 하나에 해당하는 행위를 한 경우를 제외하고는 임대사업자는 이 계약을 해제 또는 해지하거나 임대차계약의 갱신을 거절할 수 없다.

1. 거짓이나 그 밖의 부정한 방법으로 민간임대주택을 임대받은 경우

2. 임대사업자의 귀책사유 없이 「민간임대주택에 관한 특별법 시행령」 제34조제1항 각 호의 시점으로부터 3개월 이내에 입주하지 않은 경우.

3. 월임대료를 3개월 이상 연속하여 연체한 경우

4. 민간임대주택 및 그 부대시설을 임대사업자의 동의를 받지 않고 개축·증축 또는 변경하거나 본래의 용도가 아닌 용도로 사용한 경우

5. 민간임대주택 및 그 부대시설을 고의로 파손 또는 멸실한 경우

6. 공공지원민간임대주택의 임차인이 다음 각 목의 어느 하나에 해당하게 된 경우

　가. 임차인의 자산 또는 소득이 「민간임대주택에 관한 특별법 시행규칙」 제14조의3 및 제14조의7에 따른 요건을 초과하는 경우

　나. 임대차계약 기간 중 주택을 소유하게 된 경우. 다만, 다음의 어느 하나에 해당하는 경우는 제외한다.

　　1) 상속·판결 또는 혼인 등 그 밖의 부득이한 사유로 주택을 소유하게 된 경우로서 임대차계약이 해제·해지되거나 재계약이 거절될 수 있다는 내용을 통보받은 날부터 6개월 이내에 해당 주택을 처분하는 경우

　　2) 혼인 등의 사유로 주택을 소유하게 된 세대구성원이 소유권을 취득한 날부터 14일 이내에 전출신고를 하여 세대가 분리된 경우

　　3) 공공지원민간임대주택의 입주자를 선정하고 남은 공공지원민간임대주택에 대하여 선착순의 방법으로 입주자로 선정된 경우

7. 「민간임대주택에 관한 특별법」 제42조의2에 따라 임차인이 공공지원민간임대주택 또는 공공임대주택에 중복하여 입주한 것으로 확인된 경우

8. 그 밖에 이 표준임대차계약서상의 의무를 위반한 경우

② 임차인은 다음 각 호의 어느 하나에 해당하는 경우에 이 계약을 해제 또는 해지할 수 있다.

1. 특별자치도지사·특별자치시장·시장·군수·구청장이 민간임대주택에 거주하기 곤란할 정도의 중대한 하자가 있다고 인정하는 경우

2. 임대사업자가 임차인의 의사에 반하여 민간임대주택의 부대시설·복리시설을 파손시킨 경우

3. 임대사업자의 귀책사유로 입주지정기간이 끝난 날부터 3개월 이내에 입주할 수 없는 경우

4. 임대사업자가 이 표준임대차계약서상의 의무를 위반한 경우

**제11조(임대보증금의 반환)** ① 임차인이 임대사업자에게 예치한 **임대보증금은** 이 계약이 끝나거나 해제 또는 해지되어 임차인이 임대사업자에게 **주택을 명도(明渡)**함과 동시에 반환한다.

② 제1항에 따라 반환할 경우 임대사업자는 주택 및 내부 일체에 대한 점검을 실시한 후 임차인이 임대사업자에게 내야 할 임대료, 관리비 등 모든 납부금액과 제9조제1항에 따른 임차인의 수선유지 불이행에 따른 보수비 및 특약으로 정한 위약금, 불법거주에 따른 배상금, 손해금 등 임차인의 채무를 임대보증금에서 우선 공제하고 그 잔액을 반환한다.

③ 임차인은 위 주택을 임대사업자에게 명도할 때까지 사용한 전기·수도·가스 등의 사용료(납부시효가 끝나지 않은 것을 말한다) 지급 영수증을 임대사업자에게 제시 또는 예치해야 한다.

**제12조(임대보증금 보증)** ① 임대사업자가 「민간임대주택에 관한 특별법」 제49조에 따라 **임대보증금 보증**에 가입을 한 경우, 같은 법 시행령 제40조에 따라 보증수수료의 75퍼센트는 임대사업자가 부담하고, 25퍼센트는 임차인이 부담한다. 부담 금액의 징수 방법·절차·기한에 관한 사항은 특약으로 정할 수 있다.

210mm×297mm[백상지 80g/㎡]

**제13조(민간임대주택의 양도)** ① 임대사업자가 임대의무기간 경과 후 위 주택을 임차인에게 양도할 경우 위 주택의 양도 등에 관한 사항은 특약으로 정한 바에 따른다.

② 임대사업자가 「민간임대주택에 관한 특별법」 제43조제2항에 따라 위 주택을 다른 임대사업자에게 양도하는 경우에는 양수도계약서에서 양도받는 자는 양도하는 자의 임대사업자로서의 지위를 포괄적으로 승계한다는 뜻을 분명하게 밝혀야 한다.

**제14조(임대사업자의 설명의무)** ① 임대사업자는 「민간임대주택에 관한 특별법」 제48조에 따라 **임대차 계약을 체결하거나 월임대료를 임대보증금으로 전환하는 등 계약내용을 변경하는 경우**에는 다음 각 호의 사항을 임차인이 **이해할 수 있도록 설명**하고, 등기사항증명서 등 설명의 근거자료를 제시해야 한다.

1. 임대보증금 보증가입에 관한 사항(「민간임대주택에 관한 특별법」 제49조에 따른 임대보증금 보증가입 의무대상 주택에 한정한다)

　가. 해당 민간임대주택의 임대보증금 보증대상액 및 보증기간에 관한 사항

　나. 임대보증금 보증 가입에 드는 보증수수료(이하 "보증수수료"라 한다) 산정방법 및 금액, 임대보증금과 임차인의 보증수수료 분담비율, 임차인이 부담해야 할 보증수수료의 납부방법에 관한 사항

　다. 보증기간 중 임대차계약이 해지·해제되거나 임대보증금의 증감이 있는 경우에 보증수수료의 환급 또는 추가 납부에 관한 사항

　라. 임대차 계약기간 중 보증기간이 만료되는 경우에 재가입에 관한 사항

　마. 보증약관의 내용 중 국토교통부장관이 정하여 고시하는 중요사항에 관한 내용(보증이행 조건 등)

2. 민간임대주택의 선순위 담보권 등 권리관계에 관한 사항

　가. 민간임대주택에 설정된 제한물권, 압류·가압류·가처분 등에 관한 사항

　나. 임대사업자의 국세·지방세 체납에 관한 사항

3. 임대의무기간 중 남아 있는 기간

4. 「민간임대주택에 관한 특별법」 제44조제2항에 따른 임대료 증액 제한에 관한 사항

5. 「민간임대주택에 관한 특별법」 제45조에 따른 임대차계약의 해제·해지 등에 관한 사항

6. 단독주택, 다중주택 및 다가구주택에 해당하는 민간임대주택에 둘 이상의 임대차계약이 존재하는 경우 「주택임대차보호법」 제3조의6제2항에 따라 작성된 확정일자부에 기재된 주택의 차임 및 보증금 등의 정보

② 임차인은 임대사업자로부터 제1항의 사항에 대한 설명을 듣고 이해했음을 아래와 같이 확인한다.

> 본인은 임대보증금 보증가입, 민간임대주택의 권리관계 등에 관한 주요 내용에 대한 설명을 듣고
> 이해했음.
>
> 　　　　　　　　　　　　　　　　임차인 성명:　　　　　　(서명 또는 날인)

**제15조(소송)** 이 계약에 관한 소송의 관할 법원은 임대사업자와 임차인이 합의하여 결정하는 관할법원으로 하며, 임대사업자와 임차인 간에 합의가 이루어지지 않은 경우에는 위 주택 소재지를 관할하는 법원으로 한다.

**제16조(중개대상물의 확인·설명)** 개업공인중개사가 임대차계약서를 작성하는 경우에는 중개대상물확인·설명서를 작성하고, 업무보증 관계증서(공제증서 등) 사본을 첨부하여 임대차계약을 체결할 때 임대사업자와 임차인에게 교부한다.

**제17조(특약)** 임대사업자와 임차인은 제1조부터 제15조까지에서 규정한 사항 외에 필요한 사항에 대해서는 따로 특약으로 정할 수 있다. 다만, 특약의 내용은 「약관의 규제에 관한 법률」을 위반해서는 안 된다.

◆ 주택월세 소득공제 안내
근로소득이 있는 거주자(일용근로자는 제외한다)는 「소득세법」 및 「조세특례제한법」에 따라 주택월세에 대한 소득공제를 받을 수 있으며, 자세한 사항은 국세청 콜센터(국번 없이 126)로 문의하시기 바랍니다.

210㎜×297㎜[백상지 80g/㎡]

5. 개인정보의 제3자 제공 동의서

  임대사업자는 「개인정보 보호법」 제17조에 따라 등록임대주택에 관한 정보제공에 필요한 개인정보를 아래와 같이 임차인의 동의를 받아 제공합니다. 이 경우 개인정보를 제공받은 자가 해당 개인정보를 이용하여 임차인에게 연락할 수 있음을 알려드립니다.

- 제공받는 자: 국토교통부장관, 시장·군수·구청장
- 제공 목적: **등록임대주택에 관한 정보제공을 위한 우편물 발송, 문자 발송 등 지원 관련**
- 개인정보 항목: 성명, 주소, 전화번호
- 보유 및 이용 기간: **임대차계약 종료일까지**

---

  본인의 개인정보를 제3자 제공에 동의합니다.

                          임차인 성명:              (서명 또는 날인)

  ※ 임차인은 개인정보 제공에 대한 동의를 거부할 수 있으며, 이 경우 임차인 권리, 등록임대주택에 관한 정보제공이 제한됩니다.

---

210mm×297mm[백상지 80g/㎡]

# 제소전 화해신청서

**신 청 인**  임 차 인

　　　　　○○시 ○○구 ○○동 ○번지

　　　　　전화번호 :


**피신청인**  임 대 인

　　　　　○○시 ○○구 ○○동 ○번지

　　　　　전화번호 :


**임차목적물 명도 청구의 화해**


### 신 청 취 지

신청인과 피신청인은 다음 화해조항 취지의 제소전 화해를 신청합니다.


### 신 청 원 인

1. 신청인은 20○○년 ○○월 ○○일 피신청인 소유 ○○○상가 0호를 임대하여 사용하기로
   하고, 임대보증금 ○○○원, 권리금 ○○○원에 임대기간은 20○○년 ○○월 ○○일부
   터 20○○년 ○○월 ○○일까지로 하며, 월 임료는 매월 ○○일에 금○○○원씩을 지
   급하기로 하여 임대계약을 체결하였습니다.

2. 위와 같이 신청인은 피신청인과 이 사건 부동산에 대한 임대차 계약 계약을 체결하였
   으나 후일의 분쟁을 방지하기 위하여, 당사자 쌍방 간에 아래와 같은 합의하고 이 사
   건 화해 신청에 이른 것입니다.

3. 또한 신청인과 피신청인은 이 사건 제소전화해의 신청 관할법원을 00지방법원으로 합의하였습니다.


- 화 해 조 항 -


1. 신청인은 임대기간 만료일에 이 사건 부동산을 피신청인에게 반환함과 동시에 피신청인은 신청인에게 임대보증금 ○○○원을 지급한다.
2. 신청인은 피신청인이 위 부동산 명도시 권리금 ○○○원을 지급한다.
3. ~~~


- 첨 부 서 류 -


1. 부동산 임대차계약서 사본 1통
2. 건물등기부 등본 1통
3. 신청서 부본 1통
4. 기타 관련서류 각 1통


20    년    월    일


신청인                (인)


○○지방법원 귀중

# 주택(상가건물)임차권등기명령신청서

신청인(임차인)   임  지  아
　　　　　　　　서울 서울특별시 서초구
　　　　　　　　연락 가능한 전화번호 : ○○○-○○○○

피신청인(임대인)   임  대  ○
　　　　　　　　　서울특별시 서초구

### 신 청 취 지

별지 목록 기재 건물에 관하여 아래와 같은 주택임차권등기를 명한다.
라는 결정을 구합니다.

### 아　　　　래

1. 임대차계약일자　　　: 200 . 1. 20.
2. 임차보증금액　　　　: 금 100,000,000원,  차임 : 금 1500,000원
3. 주민등록일자　　　　: 200 . 1. 21.
4. 점유개시일자　　　　: 200 . 1. 21.
5. 확 정 일 자　　　　: 200 . 1. 20.

### 신 청 이 유

1. 신청인은 200 . 1. 20. 피신청인과의 사이에, 피신청인 소유의 별지 목록 기재 건물전부에
　관하여, 보증금 100,000,000원, 임대차기간 200 . 1. 20. ˜ 200 . 1. 19.(2년간)으로 하는
　임대차계약을 체결하고, 위 동월 동일자 임대차계약서상에 확정일자를 받은 후 200
　. 1. 20. 입주와 동시에 전입신고를 마친 바 있습니다.

2. 그런데 신청인은 200 . 1. 19. 위 계약기간의 만료로 인한 임대차계약이 종료되어 다른 곳으로 이사를 가야 할 형편에 있으나, 임대인은 새로운 임차인으로부터 보증금을 받아서 주겠다고 하며, 보증금의 반환을 계속 거절하고 있습니다.

3. 따라서 신청인은 별지 목록기재 건물에 대하여 임차권등기명령을 신청합니다.

**첨 부 서 류**

1. 건물등기부등본          1통
1. 주민등록등본            1통
1. 임대차계약증서 사본      1통
1. 부동산표시 목록          5통


200 .    .    .


신청인  임  ○  ○  (인)


**서울○○지방법원 귀중**


목          록

부동산의 표시
서울특별시 서초구 서초동 100
[도로명주소] 서울특별시 서초구 ○○○
철근콘크리트 슬래브지붕 건물 전체
 면적 : ○○○㎡

-이 상-

# 임차인 우선 배당요구 신청서

사건번호:    타경    호 부동산 경매

채 권 자:

채 무 자:

배당요구채권자(소액임차인):

배당요구 채권:

금        원정

### 신 청 원 인

위 배당요구채권자(소액 임차인)는 이 사건 경매 목적 부동산에 임대차 계약후 아래
와 같이 입주하였습니다. 이 사건 경매 부동산의 매각대금 중 보증금    원을 우선 배당
요구하오니 경락대금에서 우선 배당하여 주시기 바랍니다.

전입신고일: 20  년    월    일

입 주 일: 20  년    월    일(주민등록신고일자)

임차보증금: 금        원정

우선배당요구: 금        원정

### 첨 부 서 류

1. 주민등록등본  1통
1. 임대차계약서  1통

20    년   월   일

임차인          (인)

○○지방법원 귀중

# 상가건물 임대차 권리금계약서

임차인(이름 또는 법인명 기재)과 신규임차인이 되려는 자(이름 또는 법인명 기재)는 아래와 같이 권리금 계약을 체결한다.

※ 임차인은 권리금을 지급받는 사람을, 신규임차인이 되려는 자(이하 「신규임차인」이라한다)는 권리금을 지급하는 사람을 의미한다.

## [임대차목적물인 상가건물의 표시]

| 소 재 지 | | 상 호 | |
|---|---|---|---|
| 임대면적 | | 전용면적 | |
| 업 종 | | 허가(등록)번호 | |

## [임차인의 임대차계약 현황]

| 임 대 차<br>관 계 | 임차보증금 | | | | 월 차 임 | | | |
|---|---|---|---|---|---|---|---|---|
| | 관 리 비 | | | | 부가가치세 | 별도( ), 포함( ) | | |
| | 계약기간 | 년 월 일부터 | | | 년 | 월 일까지( 월) | | |

## [계약내용]

**제1조(권리금의 지급)** 신규임차인은 임차인에게 다음과 같이 권리금을 지급한다.

| 총 권리금 | 금 | 원정(₩ ) | | |
|---|---|---|---|---|
| 계 약 금 | 금 | 원정은 계약시에 지급하고 영수함. 영수자( (인)) | | |
| 중 도 금 | 금 | | 년 월 일에 지급한다. | |
| 잔 금 | 금 | | 년 월 일에 지급한다. | |
| | ※ 잔금지급일까지 임대인과 신규임차인 사이에 임대차계약이 체결되지 않는 경우 임대차계약<br>체결일을 잔금지급일로 본다. | | | |

**제2조(임차인의 의무)** ① 임차인은 신규임차인을 임대인에게 주선하여야 하며, 임대인과 신규임차인 간에 임대차계약이 체결될 수 있도록 협력하여야 한다.

② 임차인은 신규임차인이 정상적인 영업을 개시할 수 있도록 전화가입권의 이전, 사업등록의 폐지 등에 협력하여야 한다.

③ 임차인은 신규임차인이 잔금을 지급할 때까지 권리금의 대가로 아래 유형·무형의 재산적 가치를 이전한다.

| 유형의 재산적 가치 | 영업시설·비품 등 |
|---|---|
| 무형의 재산적 가치 | 거래처, 신용, 영업상의 노하우, 상가건물의 위치에 따른 영업상의 이점 등 |

※ 필요한 경우 이전 대상 목록을 별지로 첨부할 수 있다.

④ 임차인은 신규임차인에게 제3항의 재산적 가치를 이전할 때까지 선량한 관리자로서의 주의의무를 다하여 제3항의 재산적 가치를 유지·관리하여야 한다.

⑤ 임차인은 본 계약체결 후 신규임차인이 잔금을 지급할 때까지 임차목적물상 권리관계, 보증금, 월차임 등 임대차계약 내용이 변경된 경우 또는 영업정지 및 취소, 임차목적물에 대한 철거명령 등 영업을 지속할 수 없는 사유가 발생한 경우 이를 즉시 신규임차인에게 고지하여야 한다.

**제3조(임대차계약과의 관계)** 임대인의 계약거절, 무리한 임대조건 변경, 목적물의 훼손 등 임차인과 신규임차인의 책임 없는 사유로 임대차계약이 체결되지 못하는 경우 본 계약은 무효로 하며, 임차인은 지급받은 계약금 등을 신규임차인에게 즉시 반환하여야 한다.

**제4조(계약의 해제 및 손해배상)** ① 신규임차인이 중도금(중도금 약정이 없을 때는 잔금)을 지급하기 전까지 임차인은 계약금의 2배를 배상하고, 신규임차인은 계약금을 포기하고 본 계약을 해제할 수 있다.

② 임차인 또는 신규임차인이 본 계약상의 내용을 이행하지 않는 경우 그 상대방은 계약상의 채무를 이행하지 않은 자에 대해서 서면으로 최고하고 계약을 해제할 수 있다.

③ 본 계약체결 이후 임차인의 영업기간 중 발생한 사유로 인한 영업정지 및 취소, 임차목적물에 대한 철거명령 등으로 인하여 신규임차인이 영업을 개시하지 못하거나 영업을 지속할 수 없는 중대한 하자가 발생한 경우에는 신규임차인은 계약을 해제하거나 임차인에게 손해배상을 청구할 수 있다. 계약을 해제하는 경우에도 손해배상을 청구할 수 있다.

④ 계약의 해제 및 손해배상에 관하여는 이 계약서에 정함이 없는 경우 「민법」의 규정에 따른다.

**[특약사항]**

본 계약을 증명하기 위하여 계약 당사자가 이의 없음을 확인하고 각각 서명 또는 날인한다.

년        월        일

| 임차인 | 주 소 | | | | | | |
|---|---|---|---|---|---|---|---|
| | 성 명 | | 주민등록번호 | | 전화 | | (인) |
| 대리인 | 주 소 | | | | | | |
| | 성 명 | | 주민등록번호 | | 전화 | | |
| 신규임차인 | 주 소 | | | | | | |
| | 성 명 | | 주민등록번호 | | 전화 | | (인) |
| 대리인 | 주 소 | | | | | | |
| | 성 명 | | 주민등록번호 | | 전화 | | |

- 2 / 3 -

첨부2. 내용증명 샘플

# 통 지 서

---

수　　　신 : 00 주식회사
　　　　　　경기 000 0000
　　　　　　대표이사 홍 길 동

발　　　신 : 임 지 아
　　　　　　서울 서초구 서초중앙로

제　　　목 : 임대차계약갱신 요구의 건

---

1. 귀사(귀 임대인)의 평안함을 기원합니다.

2. 발신인은 귀사 소유의 서울 ○○구 ○○로 ○○길 ○ 1층 건물을 임대차보증금 50,000,000원, 계약기간은 202○. 4. 1.부터 2년으로 정하여 임차하였고, 2달 후 임대차기간이 종료됩니다.

3. 수신인께서 202○.  .  . 임대차계약갱신을 거절하였으나, 발신인은 상가 임대차보호법 상 계약갱신요구권이 있는바 계약갱신을 요구하오니, 이점 양지하여 주시기 바랍니다.

4. 본 내용증명과 관련하여 문의할 사항이 있으시면 언제라도 발신인( 010-○○○○-○○○○)에게 전화주시기 바랍니다.

202○.　　2.


임 지 아 (인)

보증금반환청구의 소(부동산 인도 전 동시이행)

# 소　　　　　장


원 고　　임 차 인 (○○○○○○-○○○○○○○)
서울 서초구


피 고　　임 대 인 (○○○○○○-○○○○○○○)
서울 송파구


보증금반환 청구의 소

## 청 구 취 지


1. 피고는 원고로부터 서울 서초구 OO 아파트 O동 201호를 인도받음과 동시에 금 100,000,000원
을 지급하라.
2. 피고는 원고에게 5,000,0000원을 지급하라
3. 소송비용은 피고의 부담으로 한다.
4. 제1항은 가집행할 수 있다.
라는 판결을 구합니다.

# 청 구 원 인

1. 보증금 반환청구

가. 원고는 20○○. 4. 14. 피고와의 사이에 서울 서초구 00 아파트 0동 201호를 보증금 100,000,000원으로, 임대차 기간은 20○○. 5. 16부터 1년으로 정하여 전세계약을 체결한 뒤 위 전세보증금 전액을 지불하고, 위 아파트에 입주하였습니다.

나. 이후 원고가 20○○. 5. 15. 전세기간이 만료됨에 따라 위 아파트를 피고에게 명도하고 전세보증금을 반환받으려 하였으나, 피고가 보증금을 반환하지 않고 있습니다. 원고는 다른 지역으로 이사 가기 위하여 새로운 아파트 전세 계약을 체결하였음에도 불구하고, 피고로부터 보증금을 반환받지 못하여 아직 위 아파트에 있는 상황입니다.

다. 이에 원고는 전세보증금반환이 이루어지면 언제라도 피고에게 위 아파트를 인도하고자 하고, 이미 인도를 할 모든 준비를 갖추어 있는바, 청구취지 기재와 같은 상환이행판결을 청구합니다.

2. 손해배상 청구

원고는 위 아파트에 거주하는 20○○. 2. 1. 폭우로 인하여 누수가 있었고 큰방이 잠기는 피해가 있었는데 피고는 이를 수선해주지 아니하였습니다. 이로 인하여 원고는 목적물을 사용 수익하기 위하여 수리비로 3,000,000원을 지출하였고, 이때 물건, 가전제품 등이 잠겨 피해을 입은 것의 손해액이 2,000,000원입니다.

따라서 피고는 원고에게 손해배상액으로 5,000,000원을 지급할 의무가 있습니다.

# 입 증 방 법

1. 갑 제1호증     전세계약서
1. 갑 제2호증     누수된 상태 사진
1. 갑 제3호증     수리비 영수증
1. 갑 제4호증     침수된 가전제품 중고 가격


# 첨 부 서 류

1. 소장부본         1통
1. 소송대리위임장    1통
1. 위 입증방법       1통
1. 납부서           1통


20○○.  6.   .

원고 임 차 인  (인)


**서울중앙지방법원   귀중**

# 소 장

원 고  임 차 인 (○○○○○○-○○○○○○○)
   서울 서초구

피 고  임 대 인 (○○○○○○-○○○○○○○)
   서울 송파구

보증금반환 청구의 소

## 청 구 취 지

1. 피고는 원고에게 100,000,000원과 이에 대하여 2000. 2. 6.부터 이 사건 소장부
   본 송달일까지는 연 5%, 그 다음날부터 다 갚는 날까지는 연 12%의 각 비율로
   계산한 돈을 지급하라.

2. 소송비용은 피고의 부담으로 한다.

3. 위 제1항은 가집행할 수 있다.
   라는 판결을 구합니다.

## 청 구 원 인

1. 원고는 피고와 사이에 2000. 2. 5. 서울 서초구 ○○ 지상 건물 중 ○○에 관하
   여 보증금 100,000,000원, 월 차임 1,500,000원, 기간 2000. 2. 6.부터 24개월 동
   안으로 정하고 임대차계약을 체결한 사실이 있습니다.

2. 그 후 2000. 2. 5. 위 임대차계약이 기간만료로 종료되고 2000. 2. 5. 원고는
   피고에게 위 임차물을 반환하였습니다. 그러나 피고는 연체차임 기타 아무런
   채권도 원고에 대하여 가지고 있지 않으면서 위 보증금을 반환하지 않았습니
   다.

3. 이에, 원고는 피고에 대하여, 임대차계약에 종료를 원인으로 하여 보증금
   100,000,000원 과 이에 대한 임차물반환 다음날부터 위 보증금을 다 반환하는
   날까지의 지연손해금의 각 지급을 청구합니다.

## 입 증 방 법

1. 갑 제1호            임대차 계약서
1. 갑 제2호            월차임 납입내역
1. 갑 제3호            임차목적물 반환 사진

## 첨 부 서 류

1. 위 입증서류 사본          각 1통
1. 주민등록초본           1통

20○○.  .  .

임 차 인 (인)

# 서울중앙지방법원  귀중

# 부동산임의경매신청서

채 권 자  (성명)        (주민등록번호 또는 법인등록번호        -        )
          (주소)
          (연락 가능한 전화번호)


채 무 자  (성명)        (주민등록번호 또는 법인등록번호        -        )
          (주소)


청구금액    금        원 및 이에 대한 20  .  .  .부터 20  .  .  .까지 연    %
           의 비율에 의한 지연손해금


### 신 청 취 지

채권자가 채무자에 대하여 가지는 위 청구금액의 변제에 충당하기 위하여 별지목록 기
재 부동산에 대하여 임의경매 절차를 개시하고 채권자를 위하여 이를 압류한다.

라는 결정을 구합니다.


### 신 청 이 유

채권자는 채무자에게 20   .   .   . 금        원을, 이자는 연    %, 변제기는
20     .     . 로 정하여 대여하였고, 위 채무의 담보로 채무자 소유의 별지 기재 부
동산에 대하여      지방법원 20  .  .  . 접수 제        호로 전세권설정등기를
마쳤는데, 채무자는 변제기가 경과하여도 변제하지 않으므로, 위 청구금액의 변제에 충
당하기 위하여 위 부동산에 대하여 담보권실행을 위한 경매절차를 개시하여 주시기 바
랍니다.

**첨 부 서 류**

1. 부동산등기사항증명서      1통

20  .   .   .

채권자                    (서명 또는 날인)

**법원 귀중**

**부동산의 표시**

1. 서울특별시 종로구 ○○동 100
   대 100㎡
2. 위 지상
   시멘트블럭조 기와지붕 단층 주택
   50㎡.  끝.

부동산강제경매신청서

채 권 자　(성명)　(주민등록번호 또는 법인등록번호　　　　　-　　　　　)
　　　　　(주소)
　　　　　(연락 가능한 전화번호)

채 무 자　(성명)　(주민등록번호 또는 법인등록번호　　　　　-　　　　　)
　　　　　(주소)

청구금액　　금　　　　　원 및 이에 대한 20 ． ． ．부터 20 ． ． ．까지
　　　　　　연　 % 의 비율에 의한 지연손해금

집행권원의 표시　채권자의 채무자에 대한　　　법원 20 ． ． ． 선고 20 가단(합)
　　　　　　　청구사건의 집행력 있는 판결정본

신 청 취 지

별지 목록 기재 부동산에 대하여 경매절차를 개시하고 채권자를 위하여 이를 압류한다.
라는 재판을 구합니다.

신 청 이 유

　채무자는 채권자에게 위 집행권원에 따라 위 청구금액을 변제하여야 하는데, 이를 이행하지 않으므로 채무자 소유의 위 부동산에 대하여 강제경매를 신청합니다.

## 첨 부 서 류

1. 집행력 있는 정본      1통
2. 집행권원의 송달증명원(송달증명서) 1통
3. 부동산등기사항증명서   1통


20   .   .   .

채권자                    (서명 또는 날인)



**서울00지방법원 귀중**




〈예시〉                    **부동산의 표시**


1. 서울특별시 종로구 ○○동 100

   대  100㎡

2. 위 지상

   시멘트블럭조 기와지붕 단층 주택

   50㎡.  끝.

# 김한나 변호사의 쫄지마 임대차법
## – 임차인 편

| | |
|---|---|
| **초판 1쇄 발행** | 2023년 5월 22일 |
| **지은이** | 김한나 |
| **발행처** | 이야기나무 |
| **발행인/편집인** | 김상아 |
| **기획/편집** | 장원석 |
| **홍보/마케팅** | 장원석, 이정화, 전유진 |
| **디자인** | 조움커뮤니케이션즈 |
| | 모디팩토리 |
| **인쇄** | 삼보아트 |
| **등록번호** | 제25100-2011-304호 |
| **등록일자** | 2011년 10월 20일 |
| **주소** | 서울시 마포구 연남로13길 1 레이즈빌딩 5층 |
| **전화** | 02-3142-0588 |
| **팩스** | 02-334-1588 |
| **이메일** | book@bombaram.net |
| **블로그** | blog.naver.com/yiyaginamu |
| **인스타그램** | @yiyaginamu_ |
| **페이스북** | www.facebook.com/yiyaginamu |
| | |
| **ISBN** | 979-11-85860-66-4 [03360] |
| **값** | 13,800원 |

©김한나

이 책은 저작권법에 따라 보호받는 저작물이므로 무단전재와 무단복제를 금하며,
이 책 내용의 전부 또는 일부를 인용하려면 반드시 저작권자와 이야기나무의 서면
동의를 받아야 합니다. 잘못된 책은 구입하신 곳에서 교환해 드립니다.